问世间钱为何物

关于金钱的实话实说

[英] 温蒂·琼斯 Wendy Jones 著

陈洁鸲 译

南方出版传媒

花 城 出 版 社

中国·广州

图字：19-2014-184

图书在版编目（CIP）数据

问世间钱为何物 ：关于金钱的实话实说 / （英）温蒂·琼斯（Wendy Jones）著 ；陈洁鸽译. -- 广州 ：花城出版社，2016.9

书名原文：EVERYONE NEEDS MONEY IN CASE THEY DON'T DIE:Conversations About Money

ISBN 978-7-5360-7977-9

Ⅰ. ①问… Ⅱ. ①温… ②陈… Ⅲ. ①货币－通俗读物 Ⅳ. ①F82-49

中国版本图书馆CIP数据核字(2016)第126939号

出 版 人：詹秀敏
策划编辑：林宋瑜
责任编辑：林 菁 揭莉琳
技术编辑：薛伟民 凌春梅
装帧设计：刘 凛

书　　名　问世间钱为何物：关于金钱的实话实说
　　　　　WEN SHIJIAN QIAN WEI HE WU：GUANYU JINQIAN DE SHIHUASHISHUO
出版发行　花城出版社
　　　　　（广州市环市东路水荫路 11 号）
经　　销　全国新华书店
印　　刷　广东新华印刷有限公司
　　　　　（广东省佛山市南海区盐步河东中心路 23 号）
开　　本　880 毫米×1230 毫米　32 开
印　　张　7.375　1 插页
字　　数　160,000 字
版　　次　2016 年 9 月第 1 版　2016 年 9 月第 1 次印刷
定　　价　30.00 元

如发现印装质量问题，请直接与印刷厂联系调换。
购书热线：020-37604658　37602954
花城出版社网站：http://www.fcph.com.cn

心在何处，珍宝即在何处。

——《马太福音》第六章

此书献给喜欢在玩具店里花钱的索里。

中文版序

英国素有“老板之国”的称号。许多人、许多家庭都拥有属于自己的小商铺、超市或是家族生意。英国人对钱很感兴趣——他们关注如何建立小型企业，如何经营成功的小型企业——有时候规模也不算小——关注如何挣钱，如何花钱，以及钱与社会地位、钱与安全、钱与娱乐之间的关系。伦敦是世界主要的金融中心之一。在伦敦及郊区，小型大型的企业比比皆是。

然而，英国并不是唯一看重钱的国家。世界上的每个人、每一处都必然与钱发生着千丝万缕的联系，不论是有钱人抑或是穷人。我相信中国同样如此。每个人一旦踏出家门都得带钱，大都把钱揣在兜里或是放在手袋里。钱一直与我们如影随形，我们心心念念的都是钱——这是比喻也是现实。人们为负债累累自杀；为买不起食物或是药物结束生命；或是为钱卖命，甘愿牺牲自由。也有好些人为了钱结婚。钱在我们的生活里无处不在。

虽然钱对我们至关重要，但是人们很少非常具体地谈到钱。他们往往不会精确地告诉你他们挣多少钱，欠多少债。我们只会用一些含混不清的词：“很多”、“一点”、“比较多”、“手头有点紧”。我们不会真正地谈钱这回事。钱是个禁忌。而我想要打破这个禁忌，了解人们究竟对钱作何感想，他们怎么赚钱，怎么花钱。因为当我们开诚布公地谈到我们的经验——在此书中即是谈钱——我们将揭开我们的秘密，去除我们的幻念，更透彻地看待自己和他人，通往内心的丰盛、经济上的稳定和富足的道路将更加清晰可见。我们彼此学习，自我教育，在财务管理上不断成熟，我们的智慧和资产与日俱增。

中国目前经历着巨大的金融改革和发展，中国在经济上不断腾飞，中国人民迈入了历史的新时代，世界为此感到惊叹不已。在中国辉煌而悠久的历史长河中出现的这个伟大时代，这本书的出版是我送给中国的一份薄礼。

Vicky Jones

2016年于伦敦

目录

引　言

“余额为零，无法取款。”我瞥了一眼自动取款机里吐出的纸条，塞进口袋。我有一个孩子，没有财产，没有养老金，没有储蓄，收入微薄。当下的燃眉之急是，没钱。

我很穷。但我并非一直都穷。当我怀着各种兴奋和热切开始写这本书的时候，我有房子，有工作，有钱。在发现自己怀孕的一周之前我刚消费了一件 800 英镑的大衣。青年时期我一直徘徊在有钱和没钱之间。我住过名门贵族和百万富翁的豪门大宅；从事教育街头流浪儿童的工作时，也曾栖居没有电力供应的柴门小户。担任广告撰写人时我领着高薪厚禄；从事特殊人群教师的工作时收入平平；而做超市收银员时则几乎入不敷出。在花生加工厂工作时，我每天 15 小时忙碌在传送带旁，简直是被敲骨吸髓。现在，正当这本书写到四分之一的时候，我再度陷入贫困。

这本书最开始的打算是对金钱做直截了当的智力探究，但我的爱人突然离开，情况发生了急剧的转变。我站在楼梯的平台上，他下楼梯走到一半，转过身来对我说：“你可能也知道，我爱上了别人。”他从厨房里拿出一罐蜂蜜走出房门，整晚都没再进屋。我有如晴天霹雳，四天四夜没合眼，掉了一大把头发。他坚决要求房子的所有权，我没有抗争。因而我落入了从未料想到的境地：一个单身母亲住在政府公屋里，靠救济金过活。我儿子只有 14 个月大。整件事情的发生只在短短 5 周之间。

随着时间的流逝，我的痛苦、惊愕以及失落变得逐渐模糊。面对人生的各种转变，我作出决定，要成为索里可以依靠的坚实大地：没有儿童保育，没有保姆，也没有托儿所可以帮我。我不在乎我们会穷困落魄到何种田地，我可以让自己强大到足以依靠，能随时陪伴孩子，全心全意做个好母亲。我决定放弃工作亲自抚养儿子。这对他更好，也是我心甘情愿的。我必须坦承：是我自己选择了贫穷。我也可以回头，再去当一个特殊教育机构的老师，一年挣 26000 英镑，收入超过全国平均收入 2000 英镑。然而，我却选择了每天照看年幼的儿子，为他洗澡、煮饭、洗衣，并坚持写书。突然之间，金钱不仅仅是一本书值得挖掘的一个有趣话题，它是目前我的人生中一个让人备感压力，有时让人深深绝望的部分。

这样的生活有时让我感觉些许折磨。一些夜晚，我上床睡觉时，会为我们一贫如洗而心酸落泪。跟我认识的其他人都不一样，我们不再有几层的大房子，没有汽车，也没有花园，有的只是食物救济票。有时问题在于："该买食物还是该还房租？"这是一个让人两难的抉择。但我一直在努力应对。我已经学会不买任何加工食品，而是自制蛋糕、果汁、汤水以及面包。我知道如果我从普里马克（Primark）买一条 6 英镑的裙子，再给它上浆，样子看着还算不错。我明白还是得对别人大方慷慨，身边笼络一帮朋友，相信填饱肚子的钱总会有的。然而在那些日子里，我之前花了大把钱接受的教育主要作用似乎只是为了计算如何能够利用少得可怜的银子维持生计。

我几乎没有向别人透露过我们如何穷困不堪，这样做感觉像是低三下四。在马克思·阿瑟（Max Arthur）的作品《爱德华时代的人》（*The Edwardians*）里，描写了一个生活在上个世纪之交的女孩，穿着一双破败不堪的鞋子去上班。女孩的上司为她买了一双新鞋。她的母亲看到这双新鞋怒不可遏，将鞋子扔进了路边的水沟里。我多少能理解女孩母亲对尊严的渴求。

写这本书的初衷源于我参加了一年的治疗小组。那年的年末，我对小组里的每个人都几乎知根知底了。我知道谁有地下情；谁喜欢鞭笞他们的丈夫；谁的兄弟欺负过她；谁跟一个捐精者尝试造人；谁患了癌症；谁觉得自己虚有其表；谁是艾滋病毒携带者。有一天，坐在几个好朋友之间，我问了一个可能不太合适的问题："你们很有钱吗？""是啊，"其中一个人回答，"他是一个百万富翁。另一个朋友也说她也蛮有钱的，至少也算个百万富翁吧。"

他们的回答让我意识到，虽然每个星期我跟他们频繁会面，虽然我们尽量毫不保留地分享和探究我们是谁，我却对他们的经济状况几乎一无所知。为什么我们不谈钱的事？天知道我们除了钱什么都谈。我突然认识到钱是一个禁忌，不仅仅在这个有意识敞开心扉的治疗小组里，在我们的整个社会里同样如此。我们从未谈及有关金钱的细节。人们会说"手头有点紧"，或者"我最近加薪了"，或者"我想还清信用卡"，但在我遇到的人里没有人说过"我赚了25600英镑"，或者"我最近的户头新进了637英镑，信用卡上有4243英镑"。所有这些数字是不会引起争议的，因为这是国家平均收入。然而，我们往往会在与别人交谈时回避这些数字，甚至有时面对自己的时候亦是如此。

金钱是非常私人的。我打算用录音机来探索这种隐私。但我该如何问起这件事情呢？钱在英国是禁忌。人们会不会告诉我他们挣了多少，或者负债多少，愿意将他们财务生活里难以启齿的隐秘角落展示在我面前呢？

金钱是什么？人们会为了钱做什么？我自己没有答案，也没有任何已有的对于金钱的看法和理解让我满意，所以我开始寻找对生活有着最深刻体验的人们，或许他们对此有自己的解答。我希望这个答案是有血有肉的。我觉得如果金钱有灵魂会说话，我会通过与人们交谈，通过对话和自我坦白来找到它的灵魂和声音。我将从头开始。

以下是一些基本事实。1997 年至 2007 年的经济泡沫之后，英国目前仍在自上世纪 30 年代以来最严重的经济萧条中泥足深陷。四处皆是巨大且不断扩大的贫富鸿沟。英国 7000 万人口中，47000 人税前平均收入达到 78 万英镑。还有 42 万人税前收入在 10 万到 35 万英镑之间。这些人几乎都是男性。而在社会底层，英国有 1000 万成年人年收入不到 15000 英镑。2008 年英国 10% 最低收入人群时薪仅 5.5 英镑甚至更少；与之相较的是 10% 最高收入人群时薪至少 21.3 英镑。有 200 万孩童生活在英国低收入工薪家庭里。

但钱究竟是什么呢？在英国的商业街，钱就相当于金属、纸张、塑料和电子。金钱就在钱包、口袋和银行里，空气里弥漫的都是钱的味道。金钱无处不在。没有人不带钱就出门。我可以工作、挣钱、存钱、花钱，但不知为何我仍然对钱几乎一无所知，何为钱的本质。

在柏拉图哲学里，在他的《理念论》（*Theory of Forms*）中，天地之间存在着一个实体，那就是 MONEY，它是金钱的实质与真相。我想象 MONEY 应该是一个巨大物体，一个庞大的球状物，或许是金子质地的。地球上所有的金钱都是这个实体的映射或复制品，MONEY。我自己没有答案，也没有关于钱的理念和理解让我满意。我没有金融专业资质，没有受过培训，没有相关专业技能。我这种一无所知，或者近乎无知的状态，似乎是一个很好的开端。现在我口袋空空，一贫如洗，似乎更有必要理解钱是什么。我必须提出这个问题。而它必定有所解答。

我会开始哲学式的问询。但并非过去那种枯燥、无趣、乏味的哲学式问题。我这个身无分文的哲学系学生已经受够了成天苦读那些长着大脑门，穿着双排扣长袍的哲学家的作品。我就想问一个哲学问题："什么是钱？"并能给出情感丰富、妙趣横生、莫衷一是的回答。我是否可以采用一种更人性的方式进行问询，或者这么说可能更合适——一种更女性化的方式。那就是聆听。它仍然是一种问询。问询的方式能否更像是对话，避免一味的说教和彼此的争论？"告诉我你在想什么，告诉给我听。"而不是"我是对的，你是错的。我聪明，你愚蠢"。

不，我不会审视人们的论点。我只会去寻找那些在英国最深刻地体验了生活的人们，或许他们会有一个答案。其他的人如何对待金钱？当他们想到钱的时候有什么想法？他们是否受到经济萧条的影响？他们了解一些什么我所不了解的东西？我会问他们。他们应该知道得比我多。

在采访的过程中我到去过金碧辉煌的豪宅，曾经坐在许多咖啡馆里，也曾搭乘火车去往德文郡（Devon）、威尔士（Wales）以及伯克夏（Berkshire）。在这些地方，我聆听人们的故事。这些人或接受过陌生人施舍，或为钱辛勤工作，或将钱烧毁，或有钱就花，或辛苦存钱，或曾经做过小偷，或出卖肉体，又或者收藏钱币。还有一些人，他们不愿意碰钱，或不花钱吃饭，或发誓一辈子贫穷，又或是毁掉自己所有的一切。还有一个人，当看到天空中出现一条裂缝就预言钱将从天降。还有一个人为了钱把自己浑身点着了。钱、钱、钱——我想着钱，谈着钱，还把其他人们告诉我怎么花钱的事记录下来。

所有这些采访都作了编辑和修改，因为口头交谈的内容不一定适合流畅的阅读。许多采访者在意对话内容的私密和直白，要求在书中隐去姓名。所有的采访者对于在我的书里呈现什么内容有最终的决定权。

因为没钱托管儿子，也不想总去麻烦我慷慨相助的朋友，我会把儿子带到许多采访的现场去。访谈的时候他就坐在一边用我的笔记本电脑看《帕丁顿熊》的 DVD。值得表扬的是整个过程中他只会打断我们一两次：“妈妈妈妈，你快结束了吗？我都快闷死了！”

我感激采访过的每一个人，感激他们的宝贵时间，感激他们的信任，感激他们邀请我去家里，感激他们不仅向我透露他们的经济状况，也愿意谈论他们的家庭、生活习惯和孩子。我同样感激他们不介意我带着孩子来做采访，感激他们也会逗逗孩子，任由孩子把饼干屑弄到地板上洒得到处都是。有时他们还会跟我儿子开玩笑，把他头朝下倒提着。他们真是很了不起的一群人。

我，同样也从他们身上学到了不少。这次和平的朝圣之旅教会我如何用笔记本运行 DVD。反消费主义者帮我洗刷餐具；修女为我们祈祷；艺术家送给我们几本有他签名的书；对冲基金经理开着他的捷豹载了我们一程；新世纪治疗师为我解读了一张占卜牌，还给我带了几次孩子。最重要的是他们对我袒露了心声。以下记录的都是他们的人生体验。

第一章
重估

戴夫·杰克逊：

“所有我以为重要的都无关痛痒，所有我以为不重要的都至关重要。”

我一直认为，金钱就是用来支付租金、账单和购买必需品的东西，抑或是我所认为的生活必需品。但是关于金钱，如果还存在我几乎没有意识到的更深刻的意义和作用呢？如果金钱关乎生死呢？

在翻阅伦敦《标准晚报》[①]的时候，我看到一张小女孩的照片。她罹患癌症，需要 20 万英镑到费城去接受挽救生命的治疗。小女孩的父母向大家呼吁捐款。对于年均全职收入仅 26000 英镑的这个家庭而言，20 万英镑无疑是天文数字——这相当于他们税前 6 年的收入，而且这笔费用绝大部分人也支付不起。想挽救一个孩子生命的人会做什么？需要钱生活和需要钱活命是两码事。

我拨通了报纸上提到的慈善机构的电话，说想跟他们聊聊筹款的事。工作人员安排我跟机构创始人戴夫·杰克逊面谈。

一个温煦的春日，我来到戴夫位于乡村深处的家，看到几个警察正在戴夫办公室里往透明袋里塞文件。因此我只好先在他用粮仓改造而成的厨房里呆了几个小时，跟他的妻子聊天，然后戴夫才有空接受我的访谈。我们坐在餐桌旁侃侃而谈。旁边有一碗蓝莓，我的小儿子和戴夫 6 岁的儿子马克不停地跑进跑出，一边来拿蓝莓，一边问我们各种问题，并且告诉我们他们在捣鼓些什么。戴夫穿着机车皮衣。

① *The Evening Standard*，又译《旗帜晚报》。

马克，我在跟人说话呢，一边自己玩去。小心前面有个录音机。

我在伦敦郊区一幢廉价的政府大公屋长大，一直被灌输的观念就是钱来之不易。我所有的家人都是工薪阶层的工厂工人。很小的时候我就对穷人穷活法这个概念很不爽。我常常跑到公屋外的地方去“叹世界”，去看那些住洋楼、开新车的有钱人，想不通为什么我的父母没有过上那样的生活。所以，小小年纪的我下定决心，我要钱，要大把大把的钱。

最开始，我是想方设法偷钱。就是从二手车展厅里偷车，包括相关文件和车钥匙一起偷，然后连车带证拍卖掉。十四五岁的时候，我干一票通常能搞到六七千英镑。

我经常白天去汽车展厅，假装对一辆车感兴趣，那不过是部廉价车。我会借机观察车库的布局。我只去石棉屋顶的车库，这种车库比较容易溜进去。我会故意问这辆车被转手过几次，销售员去拿资料的时候我就跟着他，看文件放在哪儿。我也会留意车钥匙放在哪儿。待探明所有情报，我会围着车打量一圈，说：“好，好，星期六我会跟老爸一起再过来，他会买单的。”我一向显老成。

看好车的当晚我就行动了。我会在车店打烊时坐在外面，等着所有员工下班走人。之后我会再按兵不动半个小时，以免有人遗忘了什么东西又折回来。一年之中什么季节偷车我才不在乎，不管冬天还是夏天，对我毫无影响。晚上大概六点半钟我会爬上展厅的屋顶，把固定石棉板的螺栓拧下来，从屋顶扔进展厅里，然后将石棉板扳出来，把石棉板下面的玻璃纤维拨到一边，将天花板内侧的隔板取出来。这个时候我祈祷的是，希望尽量离支撑展厅的钢柱近一点儿。我顺着钢架爬下来，拿到我要的那辆车的钥匙和该车的销售记录文件。随后，我再顺着钢柱爬上天花板，把隔板放回去，挪回玻璃纤维，把顶板归回原处，将我刚才在地上全部捡回的螺栓全部拧好。我从屋顶爬下来，穿过前院去开我要的那部车。我十分清楚要偷什么车：我只会偷能在拍卖会上售出高价的车。我插上钥匙，将车顶放着写有“保修”字样的牌牌丢进后备箱，坐进车中，一脚油门扬长而去。

我告诉你我有多么厚颜无耻。如果这辆车停在一排车的中间，我会把一整排车的钥匙搞到手，开走想要的那辆。然后再回来将其他的车重新一一泊位，不留大的空隙，以免让人看出破绽。我不笨对吧？我一向很喜欢那种感觉，那种刺激和兴奋：爬上滑溜溜的屋顶，可能会掉下来摔断脖子，被警察抓走或追捕。我会逃走，然后说：“耶！我逃掉了！”或者被逮住，这都很难说。那种感觉让我血脉贲张。我习惯穿着全套晚礼服去偷车，因为只要把晚礼服的衣领翻个面就成了一件纯黑色西服——非常适合夜盗的装束。

我一直都清楚不能把这笔钱挥霍掉，所以都存起来了。在那个年代，开个银行户头难以置信地容易，只要带着现金去就行，常常连身份证也用不着，直接存钱就成。唯一的麻烦就是我总被抓起来蹲牢子。有时候我被逮了，一并清算的还有我犯下的其他63宗罪名。最后的判罚不轻——几十万英镑的罚款。我待过收容所、不良少年的管教学校、拘留中心，少年劳教所。21岁的时候，我进了青年男子监狱。

之后我就捞够了钱，也厌倦了总是蹲牢子，从此金盆洗手不干偷车的行当了。我的兴趣转向了偷信用卡。这事儿感觉很爽，因为我可以大摇大摆地走进大型购物中心，挥金如土。那时候，你可以不用支票购买50英镑以内的任何东西。购物中心的墙上挂着村子里消费最多的信用卡排名。不过如果店员仔细检查信用卡我就会被抓个现形。最后我在少年劳教所待了两年。叫我蹲少年劳教所实在有些可笑：我照顾自己完全没问题。

从劳教所放出来之后，会有一些曾经一起犯事的家伙来找我，他们会说："我们今天晚上会去这间合作公寓，需要一辆运货车。"我每次都负责把车搞到手，是个合格的修理工。"我们需要两辆够快的车。公寓里有一堆香烟和好酒。我们一切都已安排好，全部搞定。"我左右为难。我有别的选择吗？如果我不去，他们下周照样会来，带我去吃早餐，每个人都揣着大把现金。假如我跟着他们去了，很有可能就会被条子逮住又送到牢子里去。

沃姆伍德·斯克拉比斯监狱是个我再也不想回去的地方。那儿有个家伙 55 岁的年纪，因为盗窃判了 7 年有期徒刑，之前还犯下了 96 重罪状。我意识到自己不想活成这样。关进沃姆伍德·斯克拉比斯监狱之后，我读到一本书，拿破仑·希尔（Napoleon Hill）写的《思考致富》（*Think and Grow Rich*）。我向每个人都极力推荐这本书。这是一本了不起的书。除了有关精神的玄乎内容之外我将其他一切都学以致用。我从来不是一个追求精神的人。我当时的妻子（我结过三次婚）来监狱看我，我说："听着，唯一能摆脱我不断犯事的恶性循环的办法就是搬离这里。"我之后的妻子卖掉了我们在皇家利明顿矿泉市（Lemmington Spa）的房子，买家是现金付的全款，又在华威（Warwick）买了一套房。从奥普监狱出来之后，我再没进去过。我把家搬到这儿，手头上有一大笔钱。这儿我谁都不认识，所以也没再招惹过谁。

我当时没什么太多事干。因此我琢磨："不如把之前偷鸡摸狗捞到的钱利用起来，自己创业。"我买了一辆的士。我给自己定了个5年计划，在5年之内，一辆的士壮大到40辆。我还有40辆校车、15辆货车、15辆迷你巴士。我成了郡议会最大的学校承包商。到26岁的时候，我公司的营业额已经达到每年350万英镑。我干得风生水起。每年40辆豪车、30艘豪船、金碧辉煌的大房子，应有尽有。

之后我遭遇了90年代早期的经济萧条。我打开邮箱，一些公司欠了我七八千英镑，没钱还债。有些日子我还没开工就损失了30000英镑。我感到了不祥之兆。我卖掉了的士公司、校车公司和包裹物流公司。留下了我的车间、修理厂和维修厂。

当时我常常有一种感觉，觉得那天自己似乎有很重要的事情要做，但又想不起来究竟是什么。这种感觉十分可怕。虽然我搞到了不少赃物，我有豪宅、豪车、大船，能在墨西哥和塞舌尔（Seychelles）享受4个星期的美好假期，以及种种其他的舒适生活，一切都很好，我还是会坐下来思考："为此我是否有必要过得如此狼狈？"物质上虽然应有尽有，可我仍然郁郁寡欢，因为我的婚姻一败涂地。我跟妻子分了居。我现在之所以住在这个五居室的小平房里，是因为离婚的责任全在于我，我无法维系我们的婚姻。我把全部家产都留给了她。我也承认，自己带走了一部分财产：1辆车、1艘船、5袋衣服。

我几乎进入半退休的状态，一星期仅工作3天。后来遇到了现在的妻子贝蒂。这次婚姻我经营得还不错。妻子怀孕了，之后生下了我的女儿。从那时起我决定暂停5年的工作，直到女儿进入小学。又过了几年，我们的儿子也诞生了。29岁的退休生活里，我慢慢悠悠地牵着一条狗走在去购物的路上，买回一份《体育人生》（*The Sporting Life*）或者《赛马邮报》（*The Racing Post*）的报纸，悠闲地坐在餐厅里翻看，吩咐妻子为我准备早餐。我选好马，上网、下注、吃午餐，然后坐下打开电视看看马跑得怎么样。对于29岁的人而言，这样的人生似乎有些枯燥乏味。晚上，我会拿出我的美酒佳酿开怀畅饮作为调剂。我晚上9点起床，畅饮到次日早晨2点，然后睡到第二天10点再起床。

居家生活的第五年末，我感到百无聊赖，我想："我要重新上岗，但只想在星期二、星期三和星期四工作。星期五就开始过周末，周一过后再上班。"我找了一份单一佣金的销售员工作，仅负责广告销售。我在当地政府刊物上销售广告版面，一星期工作3天，一年能挣15万英镑。我心满意足，打定主意下半辈子就干这个。但是后来我的儿子被诊断患了癌症，医生告诉我他可能只剩12个月的性命了。他的骨髓里有癌细胞，脑子里有肿瘤，癌细胞遍布全身。

我问了医生很多问题："作为一个父亲我能做什么才能让情况好转呢？""没有什么你能做的。"我说："调节饮食有用吗？""没有临床证据显示饮食能有任何作用。"我之前在当局刊物上卖出了几十万英镑的广告，宣传我们应当至少每天摄入五份蔬果保持健康，明显这是自相矛盾。"病因是什么？""没人知道。"我不愿意相信，在21世纪，科学技术唾手可得的今天，我们连科学的推断都做不到。结束医院的会诊回家，我告诉贝蒂："我现在要立即停止工作，只要有必要，我会把挣来的每一分钱都用来救咱孩子命。"

我开始了对儿子综合全面的治疗。综合药物治疗（integrated treatment）包括以下所有药品：对症药物、振动药物、生物共振药物、营养药物、功能性药物、印度草药、顺势疗法，应有尽有。

我找到所有有执照的保健医生，在各自领域堪称专家，将他们组成一支医疗队伍，我则充当合作医生的角色。我在银行的存款有55000英镑，共值10万英镑的藏车，还有房子——我75万英镑财产中最有价值的一部分。我并不真的想卖掉我的房子或者将它重新抵押，因为我一直都在努力避免抵押贷款。坦白说我也不想真的开始出售我的藏车。但是这种综合的治疗项目需要大笔的钱。仅仅在实验阶段我每月就挥霍了5200英镑。除了药物之外还有其他林林总总各种食补品，所有这些补品都在那边的橱柜里。50000英镑一眨眼就花得精光。我每隔一个星期会去建房互助会（building society）取出5000英镑。我每个月的开支需要10000英镑。我当时想，老天，5个月之内我就要开始变卖资产了。

之后我坐下来思考，为什么不能让别人来买单呢？这是一件完全值得做的事情。我知道治疗有效果，我能够看到效果，因为马克跟其他的孩子相比不太一样。别的孩子体重都会下降，而他并没有；别的孩子每90分钟就会犯一次病，他也没有；别的孩子骨瘦如柴，他体重正常。其他的孩子很难将所有疾病从体内排除，而马克在40天内就消除了所有病痛。

我想，好吧，谁会来帮我买单呢？我能不能找一些特别富有的人为我掏腰包？我很快否决了这个想法，百万富翁对我们这种人根本不感兴趣。我们不过是沾在他们鞋子上的粪渍，一介草民而已。慈善机构呢？我去求助过慈善机构，但它们并没有针对综合药物治疗的基金。国家彩票？还是算了。我能不能像以前一样搞点钱回来呢？重操旧业，去打劫一家仓库或是安保车？所有这些想法都在脑子里打转。我坐在那儿，想，为什么我不能从平民老百姓那里筹钱呢？我相信如果把目前的处境解释给任何一个明事理的父母或祖父母，只要他们能够产生些许共鸣，懂得换位思考……我只需要他们一次为我资助 10 英镑或 5 英镑就好。但假如我能从许多人那里筹到 10 英镑或者 5 英镑，就能得到不小的一笔数目。我运用自己的销售经验，用剩余的 20000 英镑聘请了几个工作人员，在家中开设了电话中心。我开始通过电话向人们销售彩券，一开始并不向他们收费，只是跟他们解释我们筹款的原因，告知有关孩子的一些信息，然后告诉他们可以通过买一本书或两张彩券表示支持。转眼间无数个 5 块、10 块纷至沓来。第一年我筹到了 120 万英镑，超出了治疗马克需要的数目。所以我想："我拿这些钱做什么好呢？"

拿到检查结果不久，是我人生中最黑暗的日子，我暗自思筹："我要埋葬他吗？还是要火化他？怎么处理他的物品呢？还是要将他的房间做成圣祠？要么将他的东西放在慈善商店出售？我要将它扔掉吗？我究竟该怎么做？"我脑子里胡乱想着所有这些事情，我向宇宙的智慧、终极的智慧，向有些人所说的上帝或者被冠以其他称谓的神明祈祷。清晨 5 点，我对着办公室的天花板祈祷："求求你，求求你，让我的儿子活下来吧，让我的儿子也像其他有的孩子一样战胜病魔吧。作为回报，我会利用所有的才华和能力帮助那些没有我所具备的能力、动力和意念的家长，让他们的孩子也像马克一样渡过难关。"我许下了这个诺言。我们达成了这个交易。我的孩子活了下来。

我还剩下 45 万英镑。我不能私吞这些钱。如果我这么干了，我的妻子会同我离婚；我最好的伙伴会跟我反目成仇；我对宇宙之神的承诺也会来讨伐我，夺走我的儿子。我之前从不会因为一笔钱冒这样的险，现在也一样。因此我决定用这些钱成立一个基金，帮助其他的孩子。马克的健康状况很好，癌症已经远离了他，又是生龙活虎的了。

这是两年前的事儿了。从那时开始我们就一直运作着电话中心，为全国的孩子筹款。我们跟父母们订立的协议是，我们会筹钱让他们的孩子获得任何以及全套的治疗，不论接受这个治疗需要前往世界哪个角落，或是需要花费多少钱财，他们的任何想法都是可能实现的。我们帮助了超过70名儿童。我们只资助那些身患绝症的孩子。如果我们在孩子接受诊断之后迅速筹款，他们能够同马克一样获得全面的治疗。

这些事看着很难理解，我的前半生明明是个贪得无厌的人。但我认识到了，所有我以为重要的都无关痛痒，所有我以为不重要的都至关重要。这是我生命里开悟的契机。所有通过侵害、触犯他人利益捞取钱财的行为——都是混账行为。那些大家习以为常的事情，比如跟你的儿子窝在床上共度亲子时光，才是真正有价值的。妻子对你的爱，千金不换。摩托车、汽车、豪宅、豪华假期其实不名一文。

马克虽然只有6岁，却很擅长解剖。我的人生大计之一就是让他接受医学博士的培训，之后作为自然疗法医生接受培训，最后接受顺势疗法的培训。我希望他能成为世界上一名最有资历、最有经验、具备综合素质的医生。我也希望在我退休之后他能接手筹集基金的工作。不过我怀疑自己是否会退休。我会将这份工作干到生命的终点，因为在我眼里它已经不仅仅是一份工作了。

我们在家里培养教育马克，因为我不希望他会接触不利于健康的巧克力和苏打饮料。每天他都要吃各种食补品。因为他对我们而言太过珍贵，我们愿意将他一直留在家中。这样做并不容易，但过去的经历也让我意识到，任何容易办到的事情都没有什么真正的价值。

在我现在的观念中，金钱真正的价值就在于帮助别人。我相信世界上出现的任何不好的事情都跟钱有关。伦敦发生的青少年持刀犯罪的案件最终还是钱引起的，因为这是一次流氓团伙内讧。人们被制药公司、化学产品公司夺去生命是因为钱在作祟；人们因加工食品患上慢性疾病也是受了金钱的蛊惑。股东利益、市场开拓、开创市场都是为了金钱利益。对金钱的痴迷是万恶之源。邪恶源自对金钱的贪念，而非钱本身。我现在将这一切看得清清楚楚，因为我曾经身处其中。

比如说，以前人们开着车到我车库里来，问我："老兄，修车要多少钱？"我看着他们的眼睛，心想："那还不是随我狮子大开口呗。这得看你有多少钱，我能赚多少钱。"所以我车库的开价是取决于我估计别人手里有多少钱，而不是修车真正得花多少。当时我遇到了我的妻子贝蒂，她把车开来检修引擎。我凭空捏造出她车上根本没有的冷却器、水泵和闹钟问她要钱。不过最后还是把这些钱都还给了她，因为她后来成了我老婆！这就是我当时做生意的方式。有个哥们开着车来车库，对汽车一无所知。就我来看，不了解行情也是他们自个儿的问题。你是个男人！是男人就得懂车。我曾经在回家之前打电话给所有人，说："是，你好，我是车库的戴夫。我检查了你的车，看了汽缸盖，已经没办法维修了。通常我们汽缸盖售价是 395 英镑，但因为你有整个引擎，我给你开个便宜价，200 英镑。"他们居然还感谢我！我给 10 个维修的客户都打这么一通电话，在回家之前为这周的收入再添 2000 英镑。我开车去酒吧，喝杯小酒，真是太谢谢你们啰。我坐在那恬不知耻地笑着，心想这么干真没错儿。

当然，我在想是不是因为“因果报应”——我还没想到更恰当的词儿——儿子才会得了癌症。因为马克没有因此受太多痛苦，受苦的人是我。我承受了巨大的折磨、担忧和压力，疯狂地想要弥补一切，挽回一切。我当时想我可能算是千里挑一的父亲，现在我知道我是万里挑一的父亲。我受邀前往全世界各地演讲，因为还没有人在错综复杂的癌症世界里面见过这样的一个人，会如此不择手段、千方百计地与癌症做斗争。

每个星期我们给每一个帮助过的家庭送去一盒有机蔬菜以及活菌有机羊奶，他们的会诊和补品费用都由我们承担。如果这个家庭的父亲必须放弃工作照顾孩子，我们会支付他工资。现在我们接手了一个美国的孩子，我们负担他全部的治疗费用。我们还资助了两个孩子前往西班牙的诊所接受治疗，费用全部由我们承担。我们会指派一名司机开着我们的一部专车去家门口接上孩子，一路护送至西班牙。我们不会让孩子搭乘飞机，因为机舱内有太多细菌和病毒。我从这份工作里获得的满足感是无穷无尽的，没有办法为它设定某个具体价值。这份工作是无价之宝。马克——你去拉便便，我会马上来给你擦屁屁。马克胸部戴着一个化疗导管，所以我们从来不让他自己独自上厕所。

我们从不花钱买什么数据库，从来都是直接拨打电话簿里的号码，这是免费资源。在电话簿里我查到 A.J.W 华生先生，他住在宝禾区（The Bower）萨姆森巷（Samson’ Lane）的奇彭纳姆（Chippenham）。这些信息告诉我从这个家伙身上一个子儿也拿不到。但是 A. 史密斯先生，22 岁，住在格洛斯特郡（Gloucester）兰博纳街（Lanburnum Grove），他应该会给我们 10 或 20 英镑。

恰恰是囊中羞涩的人们向我们慷慨解囊；而那些财大气粗的主儿反而一毛不拔。住着豪宅的人总是抱怨我们贸然致电："真无耻，你们这就是有组织的乞讨！"好吧，如果孩子的性命悬于一线，我真的会去当乞丐的。我觉得一般人会这么想："这事很有可能也发生在我孩子的身上，如果是我该从哪里筹钱呢？"而那些有钱人则会想："如果是我的孩子，我也负担得起所有治疗费用。"我曾在电台上同一位女士讨论过此事，她认为给陌生客户贸贸然打电话是不合适的，是在侵犯人们的家庭生活。我说，如果你不想在家里接电话，那就不要在家里装电话好了！我问她，如果有必要，你是否愿意为了挽救你孩子的性命，尽力弄到25万英镑？她不得不承认自己也会这么做。我说："这就是你的答案了。这就是你为什么拒绝陌生推销电话的原因啰。"正因如此我们今天的会被赌博协会（Gambling Commission）突然袭击检查，因为他们接到人们的电话投诉，抱怨我们打电话给他们，抱怨我们侵犯他们的家庭私生活。

看看我们的电话账单吧！一张账单就是24000英镑。这张14000英镑。我们一个子儿都没掏，英国电信（BT）就是一群混蛋，根本不值得我们为他们掏钱。我堂而皇之地欠着账单，他们自然给我发来了郡法院的传票。哎哟！真吓人！这就意味着我拿不到贷款了。不过你猜怎么着，老子不需要贷款。如果银行给我任何钱，我就留着！银行每年都有坏账准备，他们预算里的这一部分钱意味着："这是我们今年预备在坏账里损失的钱。"这是他们按理就准备要放弃的钱，所以不妨就拿着这里头的一部分钱好了。我们目前经济状况之所以糟糕透顶，就是因为银行贪得无厌。他们的主管都拥有高学历，理应比我更有素养和智慧。如果老戴夫·杰克逊能有一样本事能制衡他们的话，那就祝我好运吧！

银行给我发了郡法院的传票，法警来我的住处，我给了他一点颜色瞧瞧："不，别来动老子的房子，伙计。在我用这根棒球棍或是那把锤子敲碎你的脑袋之前赶紧把你的货车开走。"法警屁滚尿流地跑了。我跟他们说你们都是群娘炮。我叫他们过点像样的日子，做一份有意义的工作，而不是成天搬走单亲母亲的电视机。我告诉他们去做自己觉得真正有点颜面的事情。他们晚上下班回到家，妻子问："亲爱的，你今天过得怎么样？""不错，我把三个单亲妈妈的电视机没收了。不过呢，我给她们留下了冰箱，因为我的确是个好人。"其实这么说的真正意思是冰箱根本不值钱。或者他们会回答："我今天锁了几个家伙的车，他们的现在得要欠下超过 400 英镑的停车费了。之前只要 30 英镑，现在涨到 400 英镑了。"要我说这些家伙就该统统滚蛋，患上癌症受折磨致死。要是他们不怕死敢到我这儿来我就打得他们屁股开花。

第二章
挣钱

马克欣·伊万：

“超市从不会因为在节礼日或者星期天工作给你额外的加班费。”

对我而言，要让钱包鼓起来，最直截了当的方法就是找份工作。如果我有一份基本工作，能挣多少钱？作为一名英国的员工，我能享有最低薪酬保障。如果你 21 岁以上，最低薪酬是每小时 6.31 英镑。然而最低生活基金组织（The Living Wage Foundation）声称，在伦敦，应当最少支付一个人每小时 7.45 英镑或者 8.55 英镑以满足基本家庭开销。仍然大约有 500 万人的基本收入低于这个最低生活工资。在威尔士，有 23% 的上班族入不敷出。我打算采访这一拨人，让他们谈谈自己的经历。我预感他们的故事一定会让人出乎意料。

我晚上到达马可欣的住所，发现前门的钥匙孔里插着钥匙。“我们一直都把钥匙留在门锁里，敞着前门。”她说，“这个小镇非常安全。”我们坐在方形的餐桌边，马可欣穿着长 T 恤衫，这是她入睡前的装扮。

这是紧邻郡小学和农民阿姆斯酒店（The Farmer's Arms）的公园的地段，非常繁忙。我们两个人做这份工作，需负责四条公路的行人安全。打这份工必须后脑勺长眼睛才够用，人们往往意识不到这点，他们觉得："这就是一份清闲轻松的工作，杵在那里一个小时，银子自动哗哗地流到钱包里。"但是当你仔细想想，你的手里可掌控着人们的性命哪。这所学校里有大概300个孩子，我每天都要带他们过马路。我穿着黄色、荧光的衣服。这套工作服是防水的，有里衬。夏天我们会换一套棉质的工作服。我从没接受过培训。人们塞给你一件衣服和一根引导棍，说："拿着吧。"

有时候我发现一些孩子朝着马路冲出去——他们可不能干这么危险的事！在能及时抓住他们的情况下，我们亲自出马履行公务。我们向他们解释不该冲向马路的理由，告诉他们领队会对他们训话，把他们的名字记下来，做出相应的处理。或者如果你不去亲自跟孩子说，也可以直接去领队那儿，说："因为这种那种的原因，那孩子在没有我们带领的情况下横过了马路，他们跑到了马路中间，路上有车来来往往，我们的工作现在有麻烦了，很可能被炒鱿鱼。"我们说得稍微夸张一点，她就会自己去跟孩子谈。

如果车从我们身边贴身擦过，或者直接冲向我们，我们必须向交警报告，交警会给予这些司机口头警告，或让他们面对其他严重后果。之前确实发生过这种事。名字我不能说。我记下车牌号，去找交警，向他们解释刚刚发生的事以及我见到的一切。刚巧我认识车主。交警说："这件事交给我们处理，我们会解决。"第二天晚上我接到一个电话说交警登门造访了他们，他们对之前的行为表示非常抱歉。所以说交警会百分之百支持我们的工作。

我的工作时间是早上8点15分到9点15分，以及下午2点

45 分到 3 点 45 分。我们被人们称为“棒棒糖”[1]学生护送员。其实这是一份很不错的工作，别误会我的意思，你可能会想：“等等。噢，不要，又是一堆陈词滥调。”但如果好好想想，你会发觉这真的是一份非常值得去做的工作，因为你在帮助学生过马路，会遇到形形色色的人。我们工作时在户外呼吸新鲜空气。是的，你有种感觉：“这儿我说了算。”如果碰到雨天或者是严寒天气，你就会盯着墙上的钟，心想：“不到五分钟就能回家了。舒适、温暖的家。喝上一杯热茶。”你一心期盼这个。如果天气非常寒冷，你因此生了病，就会想：“我真希望这会儿在床上躺着。”但是孩子的父母、学校的员工、放学的孩子们非常感激我能在这儿帮助他们，他们是很棒的一群人。他们只是说：“谢谢你，谢谢你。”有时候我会跟孩子们说：“跟我击个掌吧！”我努力让他们看到我们不是一群不招人待见的家伙，我们也是接地气的。

我曾经历过一些有趣的时刻。工作中途，我拿着的“棒棒糖棍”突然坏了。我差点丢了小命！我把棍子放下，走回路口，身后有一辆车，就在这时，棍子上的大饼，呼，掉到地上去了！我站在那里琢磨：“噢！我要怎么跟老板解释这件事啊？”我把这个圆饼捡起来，卡在路边，说：“过！”我伸开双臂站在那儿继续工作，我的朋友，另一个护送员，看着我说：“呃？”他们笑得都快直不起腰了。我身上没有多余的棍子，所以我得像个交警似的引导司机停车。我只得让学校的人给我老板打电话，告诉他我的棍子断了。“救命！能再给我们一根棍子吗？”

我曾经跟一名卡车司机吵过一架，因为他打算不按规定路线

---

① 学生护送员手中的引导棍上有一个圆盘，拿在手上像是一根棒棒糖。

绕城走。我站在那儿，跟他僵持不下。我朋友在一边笑，不相信我能让司机改道。在他身后已经排起了长长的车龙。卡车司机跟我说："如果我被卡住了怎么办？"我回答："不可能，如果更大的货车能过，你也可以。开走！"他就掉头走了。我转过身看着朋友，她说："姑娘，你牛！"我说："我就行。"当他改道的时候，朋友故意也截了他的车。

有些家长喜欢甩开我们自己带孩子过马路，我们会事前观察情况。如果他们打算独自带孩子过马路，有问题也不能找我们的麻烦。如果他们过马路时有我们跟在一旁，发生了什么事——谢天谢地此前一切平安——假如是我们工作的失误，就可以算到我们头上。有些人出言不逊，他们就想直接把孩子撂下，赶着去工作，对着我们暴跳如雷。不仅仅是家长，也有其他人认为他们开车他们说了算，把车停在不该停的地方：公交车车道上。有人觉得可以把车停在路上，但其实是违规的。所有这些都是依据《公路：停车及道路权利法规》（*Highways: the Rules of Parking and Path Rights*）里的规章条例执行的，你也将依此条例接受惩罚。

我过去在超市里工作。之前我是他们的客户。有天他们问我："想不想来这里打份工？"之后我就在那里工作了6年。有时一周工作5天，如果他们缺人手我就工作7天。我是个可靠的员工，总是能随叫随到。他们会早上7点打电话给我："马可欣，不好意思打扰你，能来一下吗？今天没人过来干活。"把小儿子留在家没问题，我的父亲母亲会帮忙照看他。我一直工作到他们不再需要我帮忙为止。我一般不会从早上5点到晚上11点持续工作，如果避免不了这么长时间的加班，经理就会说："回去休息一小时再回来吧！"有的时候我也会这样卖命工作，就是为了钱。圣诞节的时候超市会关门，但其他时候你都得上班。我也习惯了节礼日（Boxing Day）要继续工作。超市从不会因为节礼日或者是星期天工作给你额外的加班费。

在超市工作的时候，我会去忙活一下收银台的工作，装满货架，并且检查是否所有的食物都在保质期内。如果另一位负责的女员工不在岗，我就去整理报纸——看看剩下多少份报纸，将报纸捆绑起来，清理杂志。我主要负责收银台的工作，因为没人喜欢那里的工作。他们不愿意寸步不离地一次耗在那里 7 个小时，而我一直会坚守岗位。如果谈到工资的高低，目前的这份工作薪酬更高。在超市我一周通常工作 26 小时，一个月薪酬 400 英镑；现在我一周仅工作 16 小时，薪酬同样有 400 英镑。我的工作时间减少了 10 个小时，薪酬却一分没少。而且现在的工作压力小了很多，工作条件优越了很多，还有 13 周的假期。但在超市工作的时候我只有四周假期。在超市工作的往往女性居多。我现在工作的地点紧邻一个学校的十字路口，自然而然会认识其他郡议会的工作人员，因为我们穿着同样颜色的夹克衫。我们常常彼此寒暄、闲聊几句。

如果中了彩票的话我就会买一幢自己的房子。但我永远不会放弃我的工作，因为成天无所事事会让我感觉乏味。我也许会捐一部分钱给慈善事业，找一家经过审慎挑选的慈善机构，比如癌症基金或者类似的机构。选择哪家机构取决于我当时的感受。我的背部有两处顽疾，我可能会尝试投入资金帮助那些遭受背部疼痛之苦的人。这毛病可不是闹着玩儿的，你痛苦不堪但又束手无策。我还是会继续带领孩子过马路，因为我喜欢这份工作。

我同情那些真正一贫如洗的人们，他们自己并不愿意过这样贫穷的生活。也许是因为他们丧失了工作的能力，又或许他们之前有工作，被公司裁了员，却无法再度找到工作，他们已经尝试过而且仍然在继续尝试重新再就业。我同情那些因为找不到一份工作供不起房子的人。如果我能有 1 英镑的余钱，我愿意用来帮助这些人，只要他们花得对路，比如给自己买一碗热汤。有一个家伙住在兰迪德诺（Llandudno）附近的灌木丛里。我见他总在附近徘徊，觉得他肯定遇着了什么困难。他之前住在一个迷你汽车里，不愿意搬进公营公寓。有传言说他的房子起了大火，他被严重烧伤，自此落下了心理恐惧，再也不肯搬回屋子里。这也就是为什么他如今住在 A44 绕道处的灌木丛里。每个人都认识他，对他熟视无睹，漠然地驱车而过。我母亲和我见过他在阿伯里斯特威斯的救世军[①]外面等着领一份口粮。他没有伤害过任何人，而是依靠自己努力生活着。不要去伤害他，因为他不曾伤害谁。他不是心甘情愿选择了这样的生活，他无以为生，也不能再这样生活下去。

我不喜欢负债。我的父亲母亲一直教育我，只花你花得起的钱。一旦负债我就开始忧心忡忡。我不愿意欠人钱财，也不会去欠钱。我只给那些我确定会还钱的人借钱，4 英镑，一分也不能再多。但如果是一个孩子想买一根巧克力棒，他的妈妈恰巧没带钱，我会说：“来吧，给你 40 便士。”如果他说：“我会还你的。”我会回答：“别傻了，不就是买一根巧克力棒的 40 便士么！”但假如是 3 或 4 英镑我就一定得让别人还给我。我给杰米一星期 2 英镑零花钱——他现在 4 岁。刚开始的时候我们每个月会将这些钱都存入银行。我希望教他如何存钱，如何合理地花钱。将钱存在银行或者信用合作社——信用合作社的利率不错——放置不用以备不时之需。

① 一个成立于 1865 年的基督教教派，以街头布道和慈善活动、社会服务著称。

虽然我知道银行有被抢劫的危险，但钱存在银行还是较为安全的方式。

我一直跟亲人住在一起。现在我盘算着买一幢自己的房子，所以开始存钱。我将钱存入信用合作社用来购置未来新房的用品——比如洗衣机和沙发。我自控能力很好，从不把钱花在出门吃吃喝喝上面。我相信钱得花在点子上。尽管我的一些朋友都会出门喝几杯——他们每周末都出来聚聚——我依然足不出户。我在酒吧里遇着他们，他们说："我这一晚在啤酒上已经花了超过100英镑了。"我心想："一星期花这么多钱喝啤酒我都已经想不通了，更别说一晚上100英镑了。"我19岁的时候也曾经出门小酌几杯，那个时候我打两三份工，还能有所结余。我每星期必须保证将大部分薪酬都存入银行。我一星期挣大概60英镑，基本都会存进银行账户。我有一台马驰车（Micra）代步，这是一部很靠谱的车，价钱也经济实惠。我几乎没花什么钱就把它弄到手了。如果我想去爱顾（Argos）或者莫里森（Morrison）逛逛或者去乐购（Tesco）和玛莎百货（Marks）买几件衣服，我会大概每两个星期开车去一趟兰迪德诺（Llandudno）或者班戈（Bangor）。

我现在没打算买房，想等着房价跌了再说。目前我单身一人。谁都说不好哪天我会遇上中意的人，他也许有自己的房子，我可以直接搬进去住，然后继续存我的钱。也有可能我一直独身最后不得不自掏腰包。我还是希望碰到我的真命天子。我现在有心仪的人，我觉得他对我也有意思。他有自己的房子。我现在有10多万英镑的存款，离20万英镑还差一点，我还不太确定具体的数额。我有读写困难，所以对数字不太敏感。5年之内我应该就能买一幢房子了。我不知道自己是否需要抵押贷款。我还没想清楚是买一幢两三层的房子还是一间公寓抑或是平房。我从不记账，只是每个星期去一趟银行。我过去有一张现金卡，但我从来不用自动提款机，我对提款机有排斥。并不是因为我会将现金花个精光。我有强迫症，如果我用了提款机老免不了会发生点什么事，总让人不愉快。不是因为我会把钱花光，我只是从来不用提款机。

我 30 岁了，已经完成了人生中所有想做的事情。我骑过很多次马。我曾经在养马场里帮过忙：回到家的时候浑身都是马骚味，我自己闻不到，但家里其他人都闻得到！我在青年农场待过，那段日子很美好，当时我还很年轻。我希望能在这个小镇生活下去，继续做学生护送员的工作。我会持续工作下去，因为我享受其中。这是我做过的最好的工作。

第三章
销毁

米歇尔·兰迪：

“我花了三四年时间琢磨怎么才能销毁属于我的所有私人财物。”

如果我没有把钱永无止境地花在那些并不需要的衣服、鞋子、玩具、小装饰上面，也许会有更多存款。但英国是一个资本主义国家。因此，就像任何一个合格的资本主义者及消费者一样，我需要钱消费商品。比如，我需要一件79英镑的白色条纹的海军衫。我并不是真的需要它，但确实很想买下来，我不该买，因为余钱已经不多了。

英国人的收入水平达到了有史以来的最高点。我们的屋子里堆满了各式各样的东西。我们每年花费260万英镑购买洗衣机，去年全英人民购买了1000万台电视机，此外，英国的手机持有量比人口数量还要多。

我们拥有成千上万件衣服。每一秒就有3条牛仔裤被人们买回家。平均一名英国女性一生会购买469双鞋、32条女裤。与之相比，平均一名英国男性拥有22双袜子、15件休闲上衣、16条内裤以及6条休闲裤。

那么假如我下定决心一无所有呢？我想起了发生在哲学家苏格拉底身上的一件事，他穿过雅典一个熙熙攘攘的市场，哼哼地说："竟然有那么多我不需要的东西！"如果你将自己所有东西一样不留、统统抛弃究竟会怎样？这就是米歇尔·兰迪做的事情。我联系米歇尔是因为他在众目睽睽之下销毁了自己所有的东西。他的工作室和办公室位于伦敦东区一扇不打眼的灰色大门后面。他的办公室被刷成了纯白色，完全是极简主义的风格，墙上连一个挂钩都没有，因此米歇尔将我的外套就摆放在台阶上，自己则坐在办公室里的木质长凳里，身体前倾靠着办公桌，将他如何把私人物品逐个销毁的事情原原本本告诉了我。

我产生这样的念头是因为我生平第一次出人头地，手头也有了些余钱。我有了辆萨博(Saab)车，买了几件西服，拥有了私有物品——各种杂物、厨房用具——我突然想到，怎么才能真正打乱现状呢？这也就是“崩塌”（Breakdown）想法的由来——由我来毁掉属于我的所有私人财物。这个名字“崩塌”同样意味着某种精神上的崩塌，不过我的精神状态很好，但从标题上来说它具有这样的两层意思。

我花了三四年时间琢磨怎么才能销毁属于我的所有私人财物。有些人家里着了火，出人意料地一切都化为乌有；而我是有意识地决定这样做。任何艺术家都可能做这样的事情。当时我精通消费主义，因此我谈到 “崩塌”是对消费主义的一种检验、一种真正意义上的检验：将整个客体完全拆解，就好像一个孩子如果想了解一样东西是如何运作的，就会将它拆开一样。我认为以某种方式分解消费主义多少加深了我对它的了解。很多人对我的行为感到不爽，因为我本可以将这些东西送人或者循环再利用。但我说这是我的决定，这也是消费者最终的选择——因为作为消费者，我们都享有选择权。有些人打电话过来说：“你无论何时都可以将自己的资料转交给我，没必要销毁它。”但这就是我想做的事，因为那个时候我已经走火入魔了。

我们在牛津街 C&A 的老店销毁财物，人们走进店里围观销毁过程。牛津街是一个理想的选址，它是消费主义的神坛。当时刚刚过完圣诞节，所有人都购置了自己的商品，因此也是个有趣的时间点。C&A 最近刚刚关门结业，所以有很多领养老保险金的老年人想把他们在圣诞节期间刚买的商品还回来，我们还得招呼他们。这并非一次纯粹的行为艺术，因为任何人都能加入进来。人们走进店铺，以为这是一种新的促销方式，因为从外面看这里仍然像是一间店铺。他们一旦踏进来就会接到传单，告诉他们这里在做些什么。这在牛津街引起了小小的轰动，一直持续了两个星期。

我的朋友，克莱武为“崩塌”准备了一份流程指导。克莱武指导方针的步骤都在一个循环设备或是废物回收点进行，所有的东西都可以拆解为原料零件，不过我们并不循环利用，而是把它们全部销毁。需要销毁的东西一共有 7227 件，从汽车到情书到书籍到录音带到录像带。直到克莱武列出这份清单，我才知道自己竟然拥有这么多东西。之后他需要将这些东西归类，所以即便是那些放在橱柜里的从别的物件上脱落来的稀奇古怪的小东西——所有那些你平时想不起来的奇怪物品——都要一一命名。

我们将我的所有物品分列不同类别，A 代表艺术，K 代表厨房，L 代表休闲，P 代表私人。划入这几类的物品有诸如：“信件，日期：1976 年 3 月 10 日”，“明信片：图案是商业街上冰岛超市门口一个双轮购物推车和一条狗”。C 代表衣服：“ Paul Smith 品牌：单只黑色棉袜，曾为尹恩·达文波特（Ian Davenport）所有。”（我以前还挺时尚的！）“深色羊羔毛高圆领衫”，诸如此类。R 代表阅读材料。所有的书籍都纳入这一类，不过其中也包含一些非常通俗的文字材料。比如“神奇 T 恤洗衣机使用指南，教您如何在 T 恤上印图”。阅读材料是最庞大的一类，囊括了从普通图书到说明书手册到各种信件资料。我也不知道为什么，自己竟然有一大摞停车罚单。当时我年少轻狂，故意让警察给我开罚单，然后乐此不疲地——缴纳罚金。那个时候我肯定多少有些百无聊赖吧。我们还有一些特别荒谬的东西，比如空盒子。我们是实实在在地把每一个零碎小物件都做了分类，比如“黄色的、大的、可降解袋子”

“200毫升迪美斯修正液”，然后包起来。我的东西跟别人没太大差别，从某个方面来说大家拥有的物品都是同样的。那个时候我生活比较拮据，还没有属于自己的房子或公寓，但假如有的话销毁起来可就真的费劲了。

克莱武最初告知艺术天使（Art Angel），我们需要一个星期制定流程指导，最终竟花了一年时间——克莱武有点预判失误了！因为样样东西都经他亲手整理，他比我还了解我的所有物品。他的工作跟法医非常类似，待在某个储藏室里，把物品分门别类。克莱武将所有东西都装进袋子里，贴上电子标签，附上编号，比如E100，之后这个物品就会呈现在C&A的传送带上。100米长的传送带持续运转，我的12名技工人员（我这么称呼他们）则位列一旁执行项目。他们在众目睽睽之下销毁物品。他们会将一样物品从四个隔间中的一个拿出来，走到电脑前，录入信息，然后将其拆解成特定的零件。他们不会直接用一个大的石头锤子把某样东西砸个稀巴烂，而是将它们拆解。我们有流程指导以供参考，帮助他们将每样东西还原到零件状态。所有东西都作为一种客体呈现在传送带上。在另外的碟子上你能看到将分解成更小的物件，还有一些东西将销毁成一堆小件废品。

销毁东西并非难事，只要我下定决心，就会全程参与。我父亲的外套是个例外。销毁这件外套并非易事。父亲在70年代出了严重的工业事故，外套是我母亲在他出事前买的，所以它也算是对过去的祭奠。父亲本人其实没怎么穿过这件外衣，他觉得这件衣服穿起来太大太重了，所以把衣服给了我。然而当它放置在盘子里摆在我眼前，就好像躺在那儿的是一具尸体，我总感觉自己会对他不敬。活动现场有我收藏的音乐，我们放着音乐，整个销毁过程显得更加轻松愉快。情书在人们面前传阅，他们展开阅读，哈哈大笑。还有许多销毁是很残酷的，但我也只能淡然接受，虽然我有时也会有些抓狂。这样公开销毁私人物品让人觉得尴尬，但这也正是消费主义希望你感受的体验，让你觉得不值得，自己拥有的东西不上档次，已经跟不上时代了。我的一些内衣真是破烂不堪了。有些人将一些家具拆开，可以看到它们的做工有多么粗劣。还有一些照片里的人我已经多年未见。我的泰迪熊也拿来拆解了。我正在处理各式各样的私人物品，应对各种各样的价值体系。有些东西本身就具有货币价值，比如我的车。而我的情书、艺术作品，它们的价值又迥然不同。

我的确销毁了达明安·赫斯特（Damien Hirst）的一件艺术品。毁坏加里·休姆（Gary Hume）的作品时，我们请来了一群德国的工作人员用摄像机记录了全过程。我那时正在刮去画上的油漆，我还记得嗅到喷火器烧毁画板上的画时画漆燃烧的味道。最不可思议的事情在于，当加里听说我打算销毁自己所有物品之后，将自己的一幅画赠予我。但是，他又突然感到担忧，问我："米奇，我能不能把我的画再借回来？"我说："行啊。"之后他显然换了一幅不那么好的画给我——不过几乎看不出区别。他换给了我这样的一幅画，是因为要基于原来那幅作品创作一系列新的画作。但我们的活动让他深受触动，随着我们项目的继续深入，他最终还是将最初的画作还给了我们。我猜他是觉得我能够在众人面前将所有私人财物全部销毁实在太洒脱，也许他觉得自己之前的做法太不地道了，所以又将原来那幅作品还了回来，那幅画作估计得值 30000 英镑。不过西蒙·帕特森的确（Simon Patterson）对我很生气。我们做过一次艺术家作品交换活动。因为我父亲是个拳击迷，我和他一起看过阿里的拳击比赛。为此西蒙赠给我一幅名为穆罕默德·阿里（Mohammed Ali）的作品。毁了他的画作之后他很生气，很长一段时间不愿意跟我说话。因为他将画作赠予我，可没想到我会把它销毁！

我并没有真正地直接销毁钱币，至少没有销毁很多。我关闭了银行账户，把所有的钱都提了出来，然后出人意料地花钱买各种东西来毁掉。我是这么想的："这可不算是非常直观地销毁钱币。"再说那样做也是违法的。倒不如花钱买一个冷冻冷藏冰箱，然后把它给毁了。我有时会担心到最后没有物品可供销毁了。我会想："这可看起来不大好。"人们是有一定期待的。他们热切地盼望看到我毁掉自己拥有的一切物品，因为这就是我们项目的理念。突然之间销毁变成了一种刻意的目的，我买了一大堆双门冰箱，把银行的钱全都提了出来。我不想让大众失望。他们在活动参与过程中会非常兴奋，而我得告诉他们："今天我们把能销毁的东西都销毁完了。克莱武这会儿出门了，他会带回来一些 DVD，以及迪克森（Dixon）的作品然后咱们继续。"我也说不上"崩塌"究竟用了我多少钱，我心里也没有个准数。

我以为"崩塌"活动一定会对我的技工人员产生深远影响，但他们还是在牛津街上购物，我问他们："你们就没有从中学到什么吗？"他们说："别扯了！"我有时也以为"崩塌"会被停掉，或者有人会跳出来说："你没权利这么做。"一个德国电影公司说："只有在英格兰你才能干出这事儿。"我们基本上算是漏网之鱼吧，我也很奇怪为什么没人来找我们麻烦。我以为健康与安全部门的人会强制我们关门，因为损毁汽车和冰箱可不像什么好事。你也许需要一些证书以备审查。登门造访的人们往往希望直奔主题，他们对我为什么要毁掉自己的私人财物感到既好奇又新鲜，猜想是否为了搞艺术还是什么其他缘由。从某种意义上来说我的物品变成了他们的物品，因为我拥有的东西与别人大同小异。如果看到储物箱的钥匙滑出来掉到地上，人们就会生气，担心我们是否有妥善保管钥匙。之后会有专人一天过来一次，看看我们的进展。

我不会劝说所有人都去销毁私有物品。我只是希望人们体验我做的这件事情，从中吸取经验教训。我有很多东西确实被偷走了。一些艺术圈的人觉得，“在他销毁物品之前”偷走一些东西很有趣，像得到某种奖励。我们有很多物品被偷走，尤其在预展阶段，因为我们的安保做得不到位。在被销毁之前，有些东西是装在袋子里放置在盘子中在传送带上展示的，有些人就顺手牵羊地塞进自己口袋了。因为人们偷东西，牛津街每年都损失数百万英镑，我们也一样。有人试着偷走一件克里斯·奥菲利（Chris Ofili）的画作。那家伙对克莱武说：“这哥们不想要了但我想要。”克莱武说：“不行，你不能要。”两个人相互争夺引发了小小的争斗，最后克莱武还是将它夺了回来。

这是我设想出现在我的葬礼或是看着自己走向死亡时刻的场景。多年未见的人再度出现，出乎意料之外。我有时有些神经质。很多时候我都感觉到悲伤。一天快要结束的时候，人们纷纷走向酒吧，谈论着一天里发生了什么，感到有些惶惑不安。这是一种情感的极度枯竭。有时候我会将自己藏起来，抽一支烟。这是我唯一没有戒掉的东西：香烟。我现在是不抽了，但那时候仍然抽烟。过了一段时间我习惯了在人们面前销毁私人物品，转瞬之间它变成了一件再正常不过的事情。“我现在正在乘坐中央线去销毁我所有的东西。”看着我的艺术作品不断变化，在那两个星期里体验这个过程，我并不觉得伤感。对我而言这是一次非比寻常的经历。

两周的活动即将结束的时候，我除了一套连衫裤工作服和几双靴子什么也没剩下，这几样东西是艺术天使赠送给我的。活动之后我要立即前往西班牙参加一个集体展览，因此我还需要办一张出生证的复印件——我在活动中把出生证也销毁了。几周前我有一张完美护照，毁掉之后我也得重办一张。此外，我身无分文。我已经记不太清是怎么弄到钱的，可能女朋友帮了我一把。还有一些很无聊的事情也要忙活，比如五分钟之前我刚刚销毁了我的牙刷，因此还得去买一把牙刷。人们看着我去购物让我有些抓狂——“打扰一下，你不就是那个 10 分钟刚前把自己所有东西销毁了的人吗？”拜托，我又不是每 5 分钟就跑到牛津街去买生活必需品。我的朋友卡森给我买来了一些衣服，他是个好人。

我现在觉得自己更加自由了，这是毋庸置疑的。不知为何任何物品都让人裹步不前。应该有更多人销毁他们所有私人物品。我应该把它作为一项服务提供给大家！从某些方面来说，我感觉自己重生了。我将这次活动做到极致，像是画了一个句号。我可以随心所欲地过各种人生，不过最后我还是穿回了蓝色，我最喜爱的颜色。我可以玩转这个概念，让自己完全改头换面，但是不。一两年之后，人们跟我说：“你的名字还是没变嘛！”我压根没想过将名字也销毁。我确实销毁了我的出生证明，完全可以借此机会换一个姓名，而我恰好也很喜欢米歇尔·兰迪这个名字，这是一个不错的想法。我并没有毁掉我的肉体，有些人确实这么做了。但是“崩塌”这个概念并非源自我对自己人生的不满或是刻意做个艺术家。我之后跟一名以色列记者聊天，他说：“如果有一个犹太母亲，你根本不可能完成这件事，这种事绝对不可能发生。”

我让自己一贫如洗；但同时作为一名艺术家，我声名鹊起，过得更好了。我知道人们永远会记得我是一个销毁了自己所有物品的人，这是我的一项遗产。我跟税务局之间有点矛盾，因为我是个体户，本该在自主经营之后保存个人记录5年。我有一次随意地上了他们的电脑看了看税务调查情况。我跟税务办公室的工作人员说我没有任何记录，因为我把自己所有的东西都销毁了。让我没想到的是，他搜索到我网上的姓名然后开始调查此事。他告诉我说，因为我销毁了所有个人记录，本来可以每年都让我缴纳罚金，但因为这件事情，他决定放我一马。

“崩塌”改变了我这名消费者，我再也不愿在人生中买下7227件物品了。现在我的物品数量是可控的。我不再储藏物品，我讨厌囤着一堆东西。我甚至不喜欢保存自己的艺术作品。如果你走进我的工作室，能看到的仅仅是我目前正在完成的作品，再没有别的东西了。这就是我现在的生活状态。我尽我所能销毁所有的物品，但这样的努力不过是徒劳。如果想想自己消费的那么多商品，销毁掉的不过沧海一粟。15或20年之后，大部分的东西我依旧会扔掉。所有的东西最终都会分崩离析。我已经有很多拆成碎片的物品存放在工作室后面的房间里，我会将它们公之于众，因为人们期待看到这样的物品状态，他们希望眼见为实。所有的东西都会被粉碎然后送到埃塞克斯（Essex）的垃圾站去。我什么也不留，包括任何小圆子儿。我的车不会留下小圆子儿，它们被销毁得更加彻底。德福·纳特，销毁我萨博900的萨博汽车机械工程师，在我不知情的情况下偷偷保留了部分的萨博的碎片。他是个佛教徒，所以将车的这一部分埋在了印度的一棵神树下。他把这些小碎末洒在那里。我想这恐怕是某种意义的重生。我估计人们都喜欢为某样东西留下纪念。

我正考虑着找一个艺术收藏家委托我销毁掉他们所有的物品。这会是件很了不起的事情，因为收藏家会有一些很高端的藏品可供销毁，而不是像某些人说的，我销毁的不过是自己的一堆垃圾。如果有一天能够销毁一个收藏家的艺术藏品，那将是一件很棒的事儿。预展的时候应该会有很多人参加，我们也需要加强安保措施。

第四章
买卖

斯黛拉：

“妓女可不是买来的一把锁、一头畜生或是一个桶。”

米歇尔·兰迪给了我灵感，但我可不能销毁掉我们的所有物品——我儿子可接受不了毁掉他的泰迪熊和宝剑，最终我得全都赔给他。我也不愿意只穿一套连衫工作服。所以我们需要钱和物品。但为了挣钱我愿意付出多少呢？

卖淫是很多女人都能选择的一种赚钱方式——男人也不例外。像大多数女人一样，有时我站在街边等朋友也会平白无故地被嫖客搭讪——找我买春。在英国，估计有超过80000名女性正在从事卖淫，其中四分之三的妓女承认她们干这行是迫于贫穷。这是一份危险的工作：暴力事件在妓女群体中屡屡发生，妓女的死亡率比普通人高出12倍。如果有更好的选择，十个有九个妓女愿意离开性服务行业。

我从英国卖淫联盟/公会（*The English Collective for Prostitution*）得到了斯黛拉的手机号。（这个公会的名字我觉得十分中听。）斯黛拉同意在肯特镇（*Kentish Town*）的巴克莱银行外同我见面。她是一名四十来岁，皮肤细腻，气质优雅的女性。她走起路来不慌不忙。但是我总觉得她身上带着某种伤感的气质。在首次电话交谈里我们都误解了对方的意思：我觉得要将这次面谈录音，而斯黛拉则提出不要这样做。我们最后一致同意由我用纸笔将斯黛拉说的话进行记录。我们坐在一家安静的咖啡馆楼上。我奋笔疾书，她娓娓道来。面谈结束的时候，按之前的约定，我付给她50英镑的现金。

我猜，你想知道的是，我怎么开始做妓女的。我父母都是美国人，我母亲原籍巴西。我的祖母住在一个农场，靠在城里做保姆和厨师贴补家用。无论何时我都看到祖母在勤奋地工作，这就是我早期的印象——女人应该怎样拼命地工作。我的奶奶一心想要自立自强，不屈从任何一个伴侣或男人。有一次她突然把整个家的东西打包，带着孩子就搬走，自此从农场消失了。我记得小的时候她跟我说："不管白种男人还是黑种男人，没有一个好男人。"显然我们是个多种族家庭。

在成长的岁月里我不愁吃不愁穿不愁没地方住。但我的父亲是个吝啬鬼、守财奴。我的母亲开始出去工作赚钱养家之后，家里生活条件明显好转了。我母亲的薪水不高，但她把每一个子儿都花在我们身上，她的孩子们身上。她甚至还买了一辆车，这样我们就不必总指望老爸带我们出门了。我认为这就是女人该做的，不论做正统职业还是性服务行业，女人主要关注的就应该是如何让她所有的孩子们和所爱的人们过得更好。

我是从三十来岁开始干妓女这行的。我跟丈夫分了居，他打算搬到另一个城市开拓教学事业。我根本不想去。我是个外来移民，所以当自己的异国婚姻走向尽头，我发现自己独自一人身处陌生的国度，我几乎无家可归。我的人生面临真正的危机。我记得走在街上，不知道该做什么，也不知道该去哪。我尝试做过各种工作，我在几家书店工作过，也做过一些行政工作。甚至某段时间我还做过餐饮服务。那些日子里，我必须早上 5 点起床出门，7 点开始工作。做这份工作十分辛苦，时常要搬举很多东西，累得像条狗。记得当时我想："肯定有比这更好的工作。"

我有个朋友，非常照顾人也很热心。我从来不知道她的钱是打哪儿来的，我以为离婚的时候她捞到一笔不错的分手费。有一天她告诉我自己正在做的是什么职业。之后她开始帮我，给了我一些她的衣服，因为你必须打扮得像那么回事儿。她给我介绍了几个她知道比较容易对付的客户，不会提太多乱七八糟的要求，这样她能确保我很安全。（你常常担心会遭遇暴力，尤其是那些从没见过的客人。）她真的很热心。收钱的时候我真是开眼了，没想到做一次就能有这么多钱。这可是我一星期才能赚到的钱。

干一个小时的活儿，价格是120到150英镑，取决于客人住得多远。我只收现金，不收支票，因为支票从来都很麻烦。除此之外还有加钟。如果一个客人想加钟，而且如果我能想象得到加钟的具体要求，我就收取额外的加钟费，费用高低取决于客人想怎么干。以180英镑的价格客人可享受全套服务。我的收费是灵活变化的，依据客人情况做出调整。有些客人很难搞，我也不太喜欢他们，或者他们太自以为是了，那我就只提供最基础的服务。主动权在于我——每个女人都只提供她们愿意提供的服务。

妓女可不是买来的一把锁、一头畜生或是一个桶。首先，如果不喜欢某个客人我可以拒绝。在服务的过程中我会说："我不干这个，但我可以尝试一下那个。"或者说："我可以那么干但要额外收费。"所以在整个交易过程中我会跟客人谈判。你知道男人是什么样的，你能猜到有些男人想干吗，比如——肛交。一个妓女的反应和一个普通女性的反应没有差别——很多女人都会拒绝肛交，有人会做，有人则坚决不做。有些事情一个妓女可能本身不爱做，但假如这个客人不知为何感觉很友善，又招人喜欢，再或者是老客户，给的钱又多，那我可能会说："好吧，我可以做。"选择权在我们，我们决定提供什么样的性服务。这跟其他人是一样的。这就好像你是一个发型师——有些客人也许十分苛刻。如果我知道这个客人很难缠，那我就委婉地拒绝。我从不跟客人接吻。有很多客人喜欢我们抽他或者打他屁股。有个客人喜欢别人抽打他的背，他根据轻重程度在毛巾上一字排开——一杆尺子、一根棍子、一条鞭子，他希望我们打到他皮开肉绽为止。跟单纯提供性服务相比，碰到这样的客人就更累人了，因为他们总是古里古怪。他们想要我们把他们虐打到一定程度。他们控制欲很强，又颇多要求，吹毛求疵。我要待在那里连续抽他两小时。这活儿太费劲了。

我做了十五六年的妓女，收入基本达到平均水平。我必须做到收支平衡。不仅仅是妓女行业，其他任何行业也一样，都得花钱置办行头。如果我要开车出门，得查看行车路线，或是花钱请一个人开车送我。我得安排好一切。客人住的地方如果有 45 分钟车程，那我就得花两小时往返。完事之后回到家我必须得先松口气，打开我的包，把明天要用的安全套装好。这就好像开一辆车，还得需要保养费和油费。我们会在杂志上登广告——现在很多姐妹都有自己的网站。我认识的姐妹中四分之三都是孩子的母亲，她们还得安排好照看孩子的事情。再就是必须隐瞒自己的工作性质。除此之外，每个姐妹都有她们自己的一套自我保护的方式，这是她们工作安排的一部分。要么你可以打电话提前告知一个会知道你去处的人。或者你就去酒店或别人家里提供服务。最开始的时候我会和其他姐妹合作，送对方去工作的地方，一个人在外面等，然后我们分钱，或者分摊一部分的钱。在这种情况下你很确信有人在等你，而且他一定会来。我们的钱挣得并不容易，有人觉得卖淫是挣快钱，但挣这份钱很辛苦。我们也要面对经济萧条，在经济危机中挣扎。甚至有些人本来已经跳出妓女行业，过了段时间又因为经济不景气不得不重操旧业。相关的立法让我们的生存情况更加糟糕。性交易赚钱并不违法，但是你招揽客户做的每件事，比如拉皮条，就算犯法。如果被抓到就得在大牢里蹲上 7 到 14 年。

我钱挣得最多的一次是一晚上 1000 英镑，但那种情况很少见。也许那天晚上我一工作做了 4 单，不过那时候我还年轻，精力充沛，充满干劲。我曾经到处揽活，有时候连续干了 5 个晚上。满手都是钱的感觉真的很过瘾，让人兴奋至极。而现在有些晚上我只接一个客人。如果这些客人住得不算远的话，有时候会接两个活，比如一个在西区，一个在密大（Hendon）。而且我现在一周只工作 3 个晚上。到了一定岁数之后我也有了常客。一个妓女靠常客通常就能维持生活了。如果有新客人我会很有压力。但是随着我年纪大了——现在 45 岁上下了——我开始厌倦到处揽活，因为这是属于我自己的时间。我现在不断地在给自己多少时间和挣多少钱之间权衡。几年前我拿了一个英语文学的学位。我一直想拿这个学位。虽然没有补助金，但我自己一直没有停止工作，所以能够负担得起。我现在不会接时间太晚的活儿，因为我还得学习和上课。如果工作得太晚我就没办法集中精力学习。这个时候我开始学会让自己不那么拼命。

对于女人为什么选择做妓女有很多疑惑、成见和误解。我们并非过着青楼怨妇赛维莉娜[①]那样的日子。我有一个朋友，穷困潦倒，因为付不起暖气费不能在家里开暖气，必须让孩子们都挤在床上才能取暖，恨不得一分钱掰成两半花。她的孩子基本上靠吃面包和果酱度日。她之前的伴侣有极端的暴力倾向，她不得不从他

① Belle de Jour，法国电影，有关一个外科医生的漂亮太太，因家庭生活空虚无聊偷偷去做妓女。

身边逃走，在街边卖淫躲开这个恶棍——她做到了。她开始做妓女，自谋生计。她的女儿身心都患有严重的残疾。最让人觉得不可思议的是，她本来是一个身无分文的女人，家徒四壁，通过她的工作，现在能请一个保姆照看孩子。她能够让她的女儿去做其他健全的孩子们能做的任何事情。大部分有残疾的孩子不可能出国观看体育比赛，而她请了一个看护者陪同女儿出行，这样她女儿就可以跟其他的孩子一样去看比赛了。我觉得这位母亲实在太了不起了，她通过做妓女改变了她和她女儿的人生。但这样的女性很少得到人们的认可。妓女依靠自己的工作支撑整个家庭，我觉得这种事情在全世界任何地方一直都在发生，不仅仅是在英国。

就我自身而言，我的弟弟患了癌症，我是家里的长女。不用说，我肯定也得挑起照顾家人的担子。我回家待了 5 个月。我本可以收拾包袱，回到美国的家。因为我已经挣了足够离开英国的钱。很少有职业可以允许你无限期地给自己放假。家里人都不知道我在做妓女。我来自一个天主教家庭。我跟我妹妹关系很亲近，但她也不知道。虽然她不会戴着有色眼镜看人，但她会非常非常地担心我。如果家里人其他知道了他们会大惊失色。我可以回去美国工作，也不至于山穷水尽。很少有工作像做妓女这样灵活多变、报酬丰富，你可以一个星期就工作几个小时，甚至是一个星期固定哪几个小时工作。有些女人只在午餐时间或是学习时间[①]干活，还有一些人选择做妓女是为了还清高利贷的贷款。怎么才还清高额贷款呢？我有一个住在英格兰南部的朋友，她老公失业了，他们欠了一屁股债，就快供不起房子了，而她想要保住这套房子。

① term time，英国规定的必须进行学校课程学习的时间。

这是非常非常常见的事情，女人会为了付房租出卖肉体。

性工作者跟其他女人没什么两样，这一点我觉得别的女人也都知道。不论她是秘书，想打主意的是她上司，又或者她在乐购（Tesco）工作，每个女人都多多少少碰到过这种性与钱的交易。我们都遇到过有人要求我们出卖色相换取钱财。不就是性吗——又不是高深莫测的东西，也不是未曾经历的体验。我们跟所有女人无异。我们对自己的工作并不感到羞耻。我们只是出卖性服务——并没有伤害谁。这是双方自愿的性行为，尽管如此我们仍然背负着耻辱的印记。

至少我回到家，洗个澡，一切就结束了。但有人出卖的是他们的头脑，还有的人出卖的是他们自己制造的可怕产物，有人买了回去，又卖给别人，整个世界都被毁了。有些银行家摧毁了经济，毁掉了人们的生活，这些事情哪一点比出卖性服务高尚？有些人专门去伤害和夺取人们的性命：一个双手沾满鲜血的大兵如何能比一个仅仅提供性服务而不伤害任何人的妓女高人一等？还有那些政客，大家都看到他们不劳而获、坐享其成，甚至花着普通民众的钱看着情色的表演，然而他们居然还对我们嗤之以鼻。妓女们常常听政客说他们这也没钱那也没钱，但我们看到了，亲眼见到这些政客，看到了钱究竟花在哪儿了。他们知道他们有钱。我们对于社会需要怎样的改变也有很多看法。妓女们常常比银行家们、管理对冲基金的人以及政客们都要聪明。身份低微并不代表我们没有丰富的阅历和充沛的同情心。

我们还有什么别的选择？一个女人，如果没有受过良好的培训，没能得到合适的机遇，没有身居高位的朋友帮助她安身立命，她的生活是举步维艰的。数百万女人在人生中都无法拥有这些机会。如果人们不希望我们去做妓女，那他们又能给我们什么？人人都知道女人的工资很低，远远比不上男人的收入。

男人手中的钱更多。通常来说男人的收入要更高。即使收入平平的男人也往往比他身边的女人（他们的妻子、姐妹、母亲）薪酬要高。他们承担的家庭责任也更少，因为一般来说他们不用照料家人，不用天天照看孩子，不用照顾老人，不用护理病人，这些工作通常都是女人来做。所以男人的时间更多，钱也更多，而且他们常常把钱花在自己身上。社会地位越高的男人，手中的钱越多，为自己花的钱也越多。一个女人可能花钱做个头发，而男人则花钱招个妓。对很多男人而言，这像是一种压力的释放，有的时候他们甚至就把它叫作“压力释放”。但这并不意味着男人就过得很好，男人要频频加班，遭受无礼待遇，屡屡面对挫败。但是他们手头的确更宽裕，可以常常把钱花在——我也没想到更好的词——“压力释放”上面。男人习惯于接受来自女人的服务，性服务就是其中一部分。他们习惯了被娇宠、抚慰、照顾，让他们的自尊心膨胀。如果他们丢了工作，或者遭遇了人生的挫折，他们习惯于去女人那里寻求关怀，性服务不过是让男人重燃斗志的一种方式。

我们妓女和一般女人唯一不同的是，我们让男人为性爱买单，我们计时一小时，然后一切结束。这也就是为何当权者对妓女如此蛮横冷漠的原因，因为我们限定别人给的钱和自己提供的服务。我们可以对一次性交易说不；我们可以对强奸说不；我们可以对虐待说不；我们可以对糟糕的住房条件说不，因为我们有经济实力自力更生。我们可以对很多事情说不，当权者对此非常愤怒，因为一个女人竟然可以说不。

然而，我工作的一部分，是让自己变得乖巧而讨人喜欢。客人可能想跟我们聊聊他们的孩子、家庭、工作或健康。有的人总是很忧虑健康问题。做妓女你会学会或必须去学的一件事，就是跟形形色色的人交谈。你得随人心意，招人喜欢，学会倾听，能跟各行各业的人聊天。这是非常有用的生活技能，包含很多技巧。妓女能够成为很优秀的青年工作者、护理工作者以及社会工作者，因为她们心胸开阔，不会妄下评判。假如你对妓女工作有成见，那你最好不要来找我们——即使有的妓女技术很好，工作卖命。我的那位抚养残疾女儿的妓女朋友一直在做义工，有好几次义工组织打算给她提供一份有关社区项目的有偿工作，但她拒绝了。因为她知道自己的身份最终会暴露，然后失去这份工作。别人对她的评价很高，如果发现她是一名妓女，他们的关系就毁了。这就是我们妓女面临的现实。

我 19 岁的时候，上了一年大学，房东不断骚扰女租客要她们提供性服务。我们宿舍里四个女生聚在一起商量对策。一个女生决定在房东身上赚一笔，凑够火车费去英国另一头看望她怀孕的妹妹。这是第一次有人对打算出卖肉体如此坦白。我成长于一个天主教家庭，感到非常震惊。但从另一个层面来说，我知道她这样做完全合情合理。这样的情况似曾相识，我也遇到过别的男人提出类似的要求。虽然表现得很吃惊，但我其实很能理解，我也知道女人总是要权衡各种利弊。觉得自己在道德上对妓女行业难以容忍的人们其实明白这样的事情一直在发生——屡见不鲜。因为在我们生存的世界，女人们手上的钱少得可怜，而她们总是为在乎的人牵肠挂肚，牵挂他们的健康、安全、对未来的选择以及居住的房子。我们一直都在鼓励和帮助她们过得更好，做妓女是可以实现理想的途径之一，对于移民的女人而言尤其如此。有个女人带着孩子从索马里逃到这里，住在宾馆里，没人给她一分钱。食物以及任何其他东西换来的只有兑换券，却换不来钱。这个女人只能通过出卖性服务购买食物、尿片和基本生活用品。这就是在我们国家，这个繁荣的国家发生的事：外来非法移民不允许有任何现金。这就是现实，我们通过性交易赚来的钱改善我们生活状况，让人生改头换面，让孩子和家人过上不一样的生活。

第五章
要求

拉克什：

“没有收入就没有生活。”

突然间，我收到一封来自伊灵斯顿政务会 (Islington Council) 的信，说是 6 年之前，我在他们的一所学校做特殊需求教师的时候，他们给我的酬金超额了。由于计算失误，在我也不知情的情况下，他们每月超额付给了我 50 英镑。他们要求我在 30 天内将钱款如数清还。我就这样莫名其妙地背上了 3000 英镑的债务。我开始感到忧心忡忡，因为压力过大手指的皮肤都裂开了口子。我制定并写下了逐步的还款方案，伊灵斯顿政务会也予以采纳。但假如还不清欠款会有怎样的后果?

债务来了，法警跟着也来了。英国家庭债务平均是 5978 英镑，每天 274 名英国人宣称破产，每 5 分钟即有一个人身无分文、负债累累。每 15 分钟就有人抵押一宗房地产。目前有 160000 英镑的抵押贷款在拖欠中，2012 年 45000 个家庭负债。平均每天发出 1373 份郡法院判决，平均涉案金额或债务达 2442 英镑。2013 年 2 月到 4 月间，1545 名英国人下岗。2013 年五月底，国家个人债务达到 1424 兆英镑。

我在拉克什的宾馆房间里跟他见了个面。安排这次会面花了一些时间，因为他不太确定我会问什么样的问题，以及能否在书中不透露自己的真实姓名。他身材高大，身形苗条，大概三十出头。他愿意跟我交流，但也担心透露任何信息会让别人猜到他是谁。这是一次简短的采访，是利用其他两次访谈之间的空档进行的。他的一个年纪稍长，更有经验的同事也参与了访谈，在访谈过程中确认没有任何不利言论。我们坐在温暖的酒店房间里，而窗外是凄冷的 12 月的夜晚。

好的……这种工作始于中世纪，当时的法警（或在旧式英语里叫做辖区长官）受土地业权人指派追缴拖欠的租金。法警有权将欠债人的所有财物没收，当即将人们赶出家门，叫他们流落街头。虽然是官方指派的工作人员，但他们完完全全是一群暴徒，因此在那个年代臭名昭著。

到目前为止人们对法警仍然存在这样的误解。我和我的一名同事都是合格的法警。我们并非成天找人追债。只有当我们接到债务命令之后才会执行公务，市政机构会给下发指令指派我们去收缴拖欠的物业税和营业房产税。所有纸质文件都由法院代表市政机构授权。之后我们严格按照他们的要求执行命令，要么收缴巨额欠款；如果缴纳失败，则有权没收其物品，比如将房子里所有物品列入清单，之后搬走这些物品进行拍卖。其中拍得的部分款项，或全部金额，都将用来偿还拖欠的债务。

在我们强制执行收缴任务之前，市政机构会有两次通知，法院也会下发一次传票。等挨家挨户去缴纳欠款的时候，我们知道10户人家有8家已经收到了法院传票。我们登门造访，他们会说：“哦，我没收到传票。”而我们回答：“你看，我们也没办法。因为我们确认过传票已经从法院发出了。”“好吧，但我们可没收到传票。市政府没必要用挂号信，平邮就好了。”这种争执不过是烟幕弹，他们是想争取时间，博取同情。从事这份工作七年半以来，我只记得有一次有人确实是说：“你知道吗，我的确收到了传票，很抱歉我没有及时处理。”很少有人能真正亲口承认，坦诚地面对他们身处的境地。我们几乎每天都听到这样的回答，都能提前给他们写好台词了。

你看得出来哪些人是不愿意缴纳欠款；哪些人没能力缴纳欠

款；哪些人忘了缴纳欠款，还有人则是把它当成一种游戏，说：“我们已经等你们老久了。你终于抓到我们了。”如果对方真的是因为过于贫困无法支付欠款，比如单亲妈妈，或是领养老金的老人，我们会稍许考虑究竟多给他们多少时间凑够还款。我们有点像社会工作者。我们会跟他们一起坐下来谈，看看他们的欠款数字，而不是直接启动没收财产的程序。贫困随处可见。很多人都在贫困中挣扎，买不起地毯。都很正常。也有很多人根本不在乎。我看到有些人直接把痰吐到地板上。也看到有人将用过的尿片扔在地上，狗狗在地毯上拉屎，婴儿从上面爬过去。贫穷和选择贫穷是有区别的。这是一种生活方式的选择。有的人宁愿把钱花在毒品、酒吧和赌博上，而不是填饱自己的肚子。他们完全没品。通常他们有钱，花钱买了一辆炫酷的车停在门外，并且去国外度假，比我们还潇洒，但是绝不会把钱首先花该花的地方。

当得知有些人冒领丧失工作能力福利金（incapacity benefit）时，我们对他们的同情丧失殆尽。我们见到有些成年人领着福利金，坐在那儿，明明比我们还健壮。我们不能表现得无礼和冒犯，直接脱口而出：“你根本就是正常人。”但我们心里一清二楚。有些人跟我们说：“我们工作根本毫无意义，因为收入会比现在还少。”他们根本不在乎钱。他们的生活重心完全不一样。他们关心的就是目录册。他们对目录册很感兴趣。而我和我的同事，今天早上5点45分就起床了，直到现在还忙个不停，已经是晚上六点半了，七点还有工作等着我们。所以当我们努力养家糊口，拼尽全力工作的时候，对这些人的同情也荡然无存了。做这份工作，我学会了避免入不敷出。但这一点我做得很糟，我花钱如流水。很多时候我走进家门，心想：“你们有斯凯电视，我没有斯凯电视，我之所以买不起斯凯电视就是因为我得按时交纳物业税。”因为我最不希望法警来找上门来。我可丢不起这个人。但是有些人满不在乎。虽然我们不这么干，但我们肯定可以开着一辆上面印着“法警”字样的货车执行公务。但也有人觉得受了羞辱。你会碰到有的人，非常努力想要收支平衡，却无能为力。我发觉越是那些境况还不错的人越觉得我们的出现让他们颜面扫地。我们法警反倒被责问：“你们怎么敢来敲我们的门？”

如果你直接走进去将传票递给人们，说“我是法警，你需要支付欠款”，你就惹上麻烦了。如果你不尊重大家，大家也不会尊重你。在你还没反应过来之前，警察就被请来了——有些人就想这么干，他们非常喜欢把警察叫来帮忙。然而目前的法律规定是，法警在英格兰和威尔士执行公务并不会被视作侵权。所以当我们踏进某人的屋子，他们说：“你必须得给我出去！你没有任何法律权利待在这里。”而事实是我们有这个权利，否则我们也不会出现在这儿。有时候警察会参与进来，我们跟警察关系不错。因为最终，警察知道我们正在执行公务，我们收缴上来的钱会成为他们薪水的一部分。他们非常支持我们的工作。

有的人刚开始做法警，以为这是一份故意给人找茬的工作，他们错了。你得知道何时坚持己见。我确实得面对一个个头比我大一倍的男人，说：“不好意思，我不会走开，我不会离开你的房子，你可以放狗咬我，你可以为所欲为，但这事如果不解决我们就会一直待在这儿。”有的时候我们走出别人的家门，心想：“天哪，刚才好险。”但你得有掌控局面的技巧。你可能会遇到一个彪形大汉骗你、骂你、吼你，你还得让他平静下来，帮助他最终意识到：“好的，他们是来帮我的。”最后恢复他的理智。这就是我作为法警的工作。你会带人上法庭，也能给人打击，也可以最后把人们摆平。你可以以暴制暴，但这么做对谁都没好处。

但是这份工作也在发生变化。我们发觉在过去5年里，工作面临更多暴力、更多威胁。年轻人对这个体制不那么尊重。他们找不到方法，或者他们根本不想寻找方法偿还债务。他们支付租金让自己有个落脚地儿，但是从不交纳物业税。无赖到处都是。我跟任何人都有可能陷入争执，这完全取决于我们的态度。有时候我们听到同事的遭遇，会想："他真是个笨蛋。他又跟人吵了。他又跟人闹了。"这份工作需要耐心。我们成天都要面对人们的恶言相向。人们的恶言恶语是超乎你想象的。那些口头的羞辱"你们这些个废物。你们这些个垃圾"，骂声都在我脑子里回荡。人们经常咒骂我们，有时候带着种族歧视。可能人们会说："为什么你们来敲我们的门？为什么你们不去别人家里，收那些黑鬼的钱？还有那些印尼来的家伙呢？"我们会接触到这个国家最底层的东西。女人比男人更容易挑起争端。如果是穆斯林家庭，男人往往会出面处理这事。东欧国家的男人也更加强势。但如果是英国白人家庭，女人常常是家里的管事。女人掌管着财政大权。十个有九个英国白人家庭里，男人都不知道家里负了债。或者即使他知道，也不敢开口谈这事。最后女人会转过身对男人说："我受够了。"男人会说："怎么了？"他赖在椅子上，游手好闲。

有些有钱人觉得高人一等。他们心想："我才懒得理会一个法警呢，你们配跟我们说话么？"我们见过律师、医生、教师，都是职场里的人，尤其是那些律师认为比我们更精通法律。有时候我会去见一个街头小混混，脑子有点犯浑——还是个瘾君子，一心想跟我干架而不是还钱。我得见招拆招，不论见着哪种人都能应付自如。我说："来吧，别犯傻了，这是你的物业税，你得还这笔钱，这是你的营业房产税，你也得交。我们之间再怎么吵对你也没好处，到头来你交的钱只会更多。"最终，他们通常会道歉，接受欠款。如果他们感到抱歉，我们会接到他们的电话："你看，我为刚才的行为道歉。你能理解的。"我会说："我们肯定能理解，显然这事对你来说很敏感。"不是跟你开玩笑，确实有人打电话给我感谢我们。他们说："谢谢你们没有让事情变得更糟。"我们有很多工作满足感，尤其是当你知道你工作方法正确，帮助人们度过了难关，他们最终找到了人生另一个出口。我们从不恃强凌弱。

要把财物从某个人家里搬出来让人感觉到羞辱，情感上难以接受。我们会对他们说："我们可以再给你一星期，你们把钱凑够。"如果一星期过后，他们仍然无力偿还，我们有权再次返回，在他们不在场的情况下，把东西搬走。我们会让锁匠来撬门。所有的事情都做得很专业。那个时候是很可怕的，因为现在确确实实有人没办法还钱。他们丢了工作，债台高筑。这是很可怕的时刻。但也有一些职业债务人，觉得可以玩转这个体制，而且一段时间内他们的确可以跟这个体制玩游戏，但最终避免不了缴纳物业税。有的时候我们通过不同的财产追踪他们长达七年时间。你不可能逃之夭夭，推卸债务。

我们尽量避免搬走人们的财物，因为这样做常常很麻烦。而且十次有九次，这些财物的价值根本抵不上欠下的债务。如果有人说："我刚花了 1000 英镑买了我的电视机。"我们会说："拍卖会上它只值 100 英镑，原价的 10%。"我们跟他们解释拍卖人、法警搬运以及存放财物需要花费的成本。拍卖的东西可能只值 150

英镑，但是找个搬运的货车可得花老大一笔钱。如果一个人欠了1000 英镑的债务，我们就得搬走 10000 英镑的财物，因为我们最终只能拍到 10% 的价值。我们得分 3 次以上才能把所有东西搬走。他们常常跟我们说：“你知道吗，你可以搬走这样玩意儿，因为它根本不值钱。”但我们还是会把它搬走，因为我们总得拍得一些钱。

现在的土地法规定债务人不用进监狱。如果他们真的面临牢狱之灾，就可能会出现这样的新闻标题：“65 岁的老奶奶法庭上诉。”一些年轻人对上法庭和进监狱毫不畏惧。不，我不能说我们在哪个镇上工作，也不能谈我们的薪酬是怎么支付的。录音机的停止键在哪里？

第六章 谴责

希拉修女：

“我永远谴责这个世界及它拥有的一切财物。”

法警想收回欠款，确保债务得到清偿。但甘地曾有一句名言：“以眼还眼，全世界都会瞎了眼。”有没有人以更形而上的方式面对金钱？我想听听宗教人士有何感想。

大多数人一般不愿意选择做僧人或尼姑。英国仅有大概 5000 名尼姑，1500 名僧人，而且这个数字一年之内下降了 10%。但是在历史上，过僧侣生活，由此发誓坚守清贫，是很普遍的选择。在亨利八世发起摧毁寺院的启蒙运动（*Reformation*）之前，每个小镇都能见到宗教寺院。我很想知道贫困的生活究竟是什么滋味，不只是选择贫穷，而是发誓一直坚守贫穷，在贫穷中度过余生。

希拉修女坐在女修道院招待所的椅子边缘上，不时地把她祈祷袍上的一条绳带抓在手中摩挲。“我的声音很轻，不太好录音。”她说。大部分时间她都在沉默，我感觉到她很少这样长时间地交谈。她的肤色苍白而光滑。不食人间烟火的气质和她谈起金钱实用性的样子形成鲜明对比。她是一个十分配合的被访者，思想开明且深思熟虑。

我来到这里的时候发誓坚守贫穷的誓言是这样的："我永远谴责这个世界及它拥有的一切财物，我的意志永远乐于遵从这一宣言。"这样的发誓让人获得自由，因为你从此不再执念这样或那样的东西。我从没开过银行账户。祖母去世的时候给我留下了一些钱，数目还算可观，但以现在的标准来看不值几个钱。我对院长嬷嬷说："这笔钱可以捐给慈善机构或是投入到社区的这些那些事情上吗？"我兄弟几年前给我寄了张生日卡："没给你寄礼物"，他说："如果你需要的话，基督教社团会提供给你；如果你不需要，就不该对它有欲念。"

这里的每个姐妹每年有 350 英镑的度假经费。就现在的标准来看这笔数目不小。我们从这 350 英镑里拿出至少 50 英镑捐给我们热心的慈善事业。只要是合情合理的，这 350 英镑我们想怎么花就怎么花。我自制卡片出售，所以会把钱花在购买 WH Smith 便利店的黏合剂以及制作卡片上。我自己掏腰包是因为能对社团有所贡献。没再做修道院院长之后，我静修了 3 个月，有人给了我 100 英镑，没有理由，他就是想把钱花掉！我随身带着借记卡。我们的财务主管坚持认为，像修道院院长这样的人常常到处出差旅行，就得带着这卡。3 个月之后，智能卡付款系统出现了，我从来不确定会不会被问到密码是什么，我早忘了。我试着靠 100 英镑的现金过活，等回来这里的时候手上只剩 25 英镑了。既要支付所有账单又要收支平衡的时候，我感到了焦虑。这让我逐渐节制持重。

我们的姐妹们不太知道怎么给自己置办东西。如果我带着一大笔钱出门，不会这么想："天哪，我从来没有这么阔绰过，让我尽情地买！买！买！"我会想："等等，我真的需要这个吗？"有的时候我会跟自己说："是啊，买这个不错。是啊，这个让人心情愉快。是啊，这个可以跟社团分享。”几年前我确实买过一个摄像机给自己，但它真是物超所值，我可以用它来给社团制作相片卡。过去我常常觉得：“我的小房间可能需要这东西”，或者“我的音乐可能需要它”。但通常过了几个月，我就发现：“我根本不需要这个。”我只好把它扔掉或者送到公共池塘[①]里。我常常会想：“我不需要第二件厚夹克了，我可以把它挂在大家都能拿到的地方，如果谁去楼下的花园需要披一件外套，就可以用上了。”我会使用电脑。我如果真的愿意，也可以开通一个电子邮箱并连上网络，但我想：“我没有电子邮箱账号，又可以少一个人消耗能源，把更多的能源留给那些需要的人。”

但即使在规则之下，仍然存在灰色地带。我还是觉得有些东西无法轻轻松松与人分享。水彩纸就是其中之一。我至多会把它放在物品通用银行，希望没人会发现它。有时候我很大度，说：“好，我把它送到艺术教室去。我不需要它，不需要它。如果我真的需要它，它还会在那里。”可能等我再年长一点，就能做得比现在好吧。誓守贫穷的好处在于它带给你自由、感激并从愤世嫉俗里得到解放。因为如果你对生活不心存感激，不接纳生活本来的面目，你会变得偏激而狭隘。如果大家都誓守贫穷，我们就不必担心有人会来劫掠我们的有钱人了，因为他们没什么可被觊觎的。

我们之前从没有所谓修道会预算。人们劝说我们向商业化稍做一些转型，此后才有了预算。园丁、厨房以及招待所的开销都需要制定预算——我觉得这是个很好的经验！我过去当修道院嬷嬷的时候很幸运，因为我不用考虑财务方面的事情。我们有很好的

---

① common pool，一种群体共同管理或共享的资源或财产。

财务主管，我百分之百相信他。我唯一一次有些担心是因为当时的股票市场涨涨跌跌像坐过山车似的，我想："天哪，我们这次的投资是否安全？"我们在证券投资组合里现有的资金可能没有市场一路走高时那样丰厚，但也还算过得去，这全靠我们过去和现在明智的投资。我们有证券投资组合，也有银行账户。如果有任何大笔的开销，比如说修葺圣加布里埃尔学校（St Gabriel's），我们会看看预估的经费，看看银行的余额，之后再看看我们的投资情况，财务主管最后说："是的，我觉得你们可以办得到。"我从不担心，真不担心。忧虑只可能有损对贫穷的誓言。几乎没什么事能让我辗转难眠。

运转一个女修道院究竟需要多少钱，我说不出一个具体数目。我们得像别人一样付水电费。同样的，也没有人会给我们免费维修，白给我们干活。作为一个慈善机构，我们不用缴纳增值税，这还算不错，我们心怀感激。我们无偿为人们服务，所以也不用纳税。我们同样也不必支付药物费，否则这会是姐妹们的一笔重大开销。英格兰的教堂不能直接给我们提供任何金钱帮助，但是我们可以获得一些遗产和捐赠。我们得到了很可观的一笔遗产，足以让我们买下阿黛尔之家（Adele House）——那是我们在邦吉（Bungay）的市老人院，邻近诺里奇（Norwich）。如果学校能够自主运营，我们也可以让它继续存在下去。然而我们发现，为了保住学校我们就得提高学费，超出基督学校的收费水平，似乎有违教旨。渐渐地我们开始自己往里砸钱了，学校最终被迫关闭。

人们对我们的看法受到了很大的误导。修女的贫穷并非像第三世界里那样家境贫寒，而且无法改变。有些人说："我刚刚把房子清理了一下，这些鞋你要不要？"我的鞋已经足够了。我有一双靴子、一双笨重的鞋、一双轻便的鞋。我还有拖鞋。我什么也不缺。人们总觉得我们比看上去还要穷。我们去里士满（Richmond）开会，我从一点点的现金里拿出30英镑，觉得应够足够往返的费用了。但我还是带上了我的借记卡，以防万一。我一走出里士满的车站就有人走上前说："你好，修女，你是从哪个社团来的？"我觉得他应该是天主教的教徒。"给你，"他说，"拿着这些。"他给了我25英镑。我差点没接住。我向他保证我会把钱用在刀刃上。我打算去里士满的姐妹那里借住一晚，可以给她们一些必要的捐赠费。之后我问他："你能告诉我汉姆法院怎么走吗？"他给了我足够的的士费，以及让司机买一品脱酒的小费，还特别嘱咐司机把剩余的零钱给我。他说："告诉我你下一站要去的办事处。"我告诉他下一站以及再下一站要去的地方。我唯一能做的就是表达感激，但他不需要感谢。

我并非在贫困中长大。我出生在1948年，上一次战争结束之后的第3年——我还记得甜食配给[①]的结束。我在剑桥郡一个叫拉姆（Cambridgeshire）的小镇长大。沼泽地区经济向来不发达。据说离婚、乱伦以及自杀在东安格利亚(East Anglia)的这一小片沼泽地频频发生。有很多孩子比我们更穷，和我们同住在一条路上的政府公屋里。我的父亲在巴克利银行工作，我们还能够买得起一整套校服，但有些孩子连这个钱也拿不出来。我们的第一幢房子里摆满了破旧不堪的实用型家具。渐渐地我们用更像样的家具替换掉了原来的老家具。我们是小镇上最后置办电视机的家庭之一。

我在初中的时候，有一次从一条水泥路上跑回家，摔了一跤，

① sweet rationing，1942年开始到1953年结束。

脸上刺了一个大口子。一个跟我同学校的小女孩，所谓的朋友，家境比我好，从此就用刀疤脸和各种嘲笑我的名字称呼我。一个来自更低收入家庭的男孩说："你别叫她刀疤脸了！她才不是刀疤脸！"很多年后我想起这件事，完全不明白他为什么那么说。他非常正义，虽然有些鲁莽，小心，他长大了之后很可能会惹上大麻烦。

进入修道院之前我为剑桥大学的委任董事会（Appointment Board）工作。用一个办公室主任的话说，这是一个冠冕堂皇的职业介绍所。我离开剑桥的时候，一个星期的薪酬已经很丰厚：15英镑。那个时候通行的货币是英镑、先令和便士。开始采用十进制货币单位之后我进了社区修道院。我对囤积各种财物没什么兴趣。我有的时候会去买书和唱片。我也给自己置办衣服，我喜欢看起来赏心悦目。我只买我知道自己需要的东西，不会为了买衣服而买衣服。我挣来的钱一部分是给自己花的。当然，只是一部分，我还会把钱花在家用上，因为我住在家里。我也会捐一些钱给慈善机构。进女修道院的时候我把自己大部分东西都留在家里，要么处理给了基督徒互援会（Christian Aid）或者乐施会（Oxfan）。我并不觉得贫穷宣誓很可怕。我带着自己的单簧管和音乐、《圣经》、英文赞美诗集和艺术品。它们全都塞进了我小房间的五斗柜和洗脸盆上面的壁橱里。那时候我们不用带便服，因为我们休息日也不穿便服。实际上我们没有休息日，也就没有穿便衣的时候。

我不太确定父亲和继母对宗教生活是否略知一二。我的父亲原本希望我能从事音乐行业，我曾经也尝试去了解过，但是要成为一名还算专业的木管乐器弹奏者需要特别出类拔萃。我父亲总说："没有冒险，没有成功。去试试！"但是，最终，经历许多起起伏伏，我告诉父亲和继母："是这么回事，我已经联系了万圣女修道院，他们说我可以去，考查了一下我的职业技能，说我可以试着从志愿者做起。"我这回可以把父亲对我说的那句话又说给他听了："没有冒险，没有成功。去试试！"他们很高兴我可以继续我的音乐生涯。当我升任院长嬷嬷的时候他们欣喜若狂。这是件很了不起的事，因为从世俗的角度来看我爬到了金字塔的顶端。

我以前回来看望父母的时候，继母总说："你得带上一大包三明治，回程的路上可以吃。要不然会很无聊的。"首先，我在路上并不感到无聊。再者，就算我无聊也不想通过吃东西打发时间！话虽这么说，很多人一无聊就吃东西、上网或是购物。这是一种社会的病症。病因是上帝的缺席，人们也找不到替代上帝的事物。这是精神的贫乏。这就好像你在修道院的厨房工作，晚餐吃到最后清盘的时候，我们总是习惯把搅拌碗里最后一点食物残渣都舀出来吃掉。"我们不能把这些食物再放回食物橱里，加油！"刚开始你还能够接受，但如果一直这样下去的话，过了某个节点之后你就会觉得很疲倦、很厌倦。这至多只是个食物问题。食物已经不是在喂饱你，而是在侵蚀你的身体了。你的消化系统已经疲于应付，你开始感觉越来越糟。身体吸收食物的这种体验与头脑和精神的体验是一致的。即使所有想要的东西我们都能得到，也不会令人更加快乐。

你也许认为购物疗法能让你开心，但是所有我认识的人当中，那些不停地花钱、花钱、花钱，往往花到超出自身消费能力的人，并不感到快乐。他们总是试图逃避某些东西。至于消费，如果他们消费的是酒精、毒品、香烟或者只是烧钱，这是一种上瘾症，长此以往就会病入膏肓。我对我们拥有的东西之多感到震惊。每个家庭两个电视机、电脑，这样、那样，各种各样的东西，这可不一定是出路，我对此深表怀疑。我们有太多人物超所需，想要什么就得迅速弄到手，对物质的欲望永无止境。我这话听起来像个迂腐的中年人。但我确实为我们社会的走向扼腕痛惜。这跟我们的文化有关。比如我引用一个网站或者电邮地址，每次我说到里面的斜线，我总是说“划”，但大家最通用的表达是“杠”，这样的表达方式就透露了关于我们社会的很多信息。人们喜欢“杠”多过于“划”，因为它听上去更强势。贫穷宣誓的丰富内涵，在我看来，就像是小提琴内部的空间。小提琴本是开放的空间，被木质外壳封闭，外部牵拉四条琴弦。如果演奏者仅仅弹拨四条琴弦，你只会听到刺耳的划拨声。这也是一种音符，但这只是一维空间的音符。你需要这个乐器空洞的琴身共振才能制造出优美的音乐。这就如同我们的贫穷宣誓，我们用以包裹自身的空无以及物质的匮乏，反而造就了美丽的人生。

我刚来社团的时候这里的生活更加简单。我不想把它描述成美好的旧日时光，因为事实并非如此。我们挣的钱不多，但是也已足够。进入修道院对我而言，并不像是现代人眼中那种人生剧变。现在人们进入女修道院是一种完全不一样的体验了。我们总要不断修改我们的条例。在过去你得带着一台打字机，它太有用了，我们都需要用到它。而现在，人们带着手机来修道院，还有几张信用卡和借记卡，甚至电脑。我们新来的修女，芭芭拉，是开着她的车来的，现在已经是这里有车族的一员了。她同样也有手机。我们中间一部分人有手机不是坏事，比如那些出门在外的人，如果要搭乘的火车没来或者公用电话用不了，可以用手机联系社团。社会发展到现在，移动电话成了跟总部联系的唯一方式，因为你不能保证总能碰到公用电话亭。

在社团里，现在我们可以在休半日假和假期的时候穿便服。伊丽莎白的便服跟我的很不一样。朗达姐妹的也不一样，她穿得很有朗达特色，有时候还带有异域风情。即便是我的尺码，芭芭拉的衣着我也永远接受不了；而我穿的衣服她也永远不会选择！我们有个便衣室，那里挂着我们知道不常穿的衣服——有点像个图书馆！我有个基本的便服衣柜，里面有三条裤子、三件轻便的上衣、三件厚重的上衣。我就在这些衣服之间换来换去，这样我休半日假的时候如果愿意费神穿个便服可以有所挑选，但我经常仍穿着修女袍。便服大都是从慈善商店淘来的，当你说着“看我10英镑淘到了什么好宝贝！”，会感到一种单纯的快乐。

很多人利用外在物质作为他们的身份象征。希望有一天，我们因一个人真正的价值尊重他、赞扬他。我这话光是说起来容易，但要我去爱和包容一个惹恼我的姐妹可没那么简单，我会本能地以牙还牙。这是我们都要去改善的方面，这样我们可以在一起开怀大笑而不是彼此嘲笑，我们可以尽情沉浸在半个小时的畅谈里，我们可以为简单的事情发出阵阵笑声，比如一起挑战最新的刁钻古怪的拼板玩具。要当好修女嬷嬷不容易，我觉得跟自己的姐妹交往是最难的。只有当你每一天都要跟人真正打交道，才会发现社区里的生活会滋生多少烦恼。

我最珍惜的财产就是这条布莱尔教父还在梅里菲尔德（Merfield）的耶稣复活教会时买的祈祷绳。就在我的念珠串上一小颗七叶树果实坏掉的几星期之后，布莱尔教父给了我这条祈祷绳。我常常将它摘下来祈祷，之后不知道放到哪去了。我为此很烦恼。我心里一种声音在说：“噢，拜托，希拉，就算没有祈祷绳也没关系，你用一条类似的绳也可以，不一定非得找着那条才能做祈祷。”但这条祈祷绳包含着某种情感和无可替代的价值。它曾经浸润在巴德西岛（Bardsey Island）上的泉水里，浸入圣水之中。它价值连城。我的戒指，我的结婚戒指同样也无比重要。我的结婚戒指是我嫁给基督的证明。

有时我感觉我们比穷人日子好过很多，但我觉得根本没有必要。在诺里奇（Norwich）工作的时候我们曾经给穷困潦倒的人们提供食物。他们来到修道院的前门，坐在门廊里，喝一杯茶，吃完三明治然后离开。有一天，一个小伙子跟着他的朋友一起来了，他们问：“你们有三明治吗？”他们总是吃得很好。有天其中一个小伙说：“修女，我们感到有些内疚，你们这么瘦而我们却这么胖！”我想：“哇哦！”这很好啊。因为贫穷宣誓，我在尝试，平等地看待和对待穷人。与他们对比，我总觉得自己得到了太多，为此我感到难为情。好几年前，我会休一天假，在剑桥大学里学习，探究我一直以来的恐惧。我有了一个习惯：总带着面纱。我坐在树下的一片绿地上，吃着三明治。一个小伙子走过，肯定是个没有工作的人，可能睡得不太好，他朝我挥手，带着某种同志的情谊，我也朝他挥挥手，这一幕很可爱。

第七章
投资

加里·布里奇：

“我去年领了 250 万奖金，这是稀松平常的事了。”

我不能加入女修道会——首先我有一个年幼的孩子——而且既然生活在这个世界上我就必须遵循它的游戏规则，也就是跟钱打交道。生活在这个世上，腰缠万贯究竟是怎样的感觉？挣到手的钱对普通人而言是天文数字，那是怎样的感受？

人们都知道银行家有钱。在英国，年收入超过15万英镑即可跻身收入排名前0.6%。2013年高盛集团（Goldmans Sachs）银行家的平均年薪是34万英镑，也就是一星期6538英镑。每天工作15小时，每星期工作100小时是家常便饭，但即使在这样的工作时长之下，银行家们仍然可以拿到至少挣65英镑的时薪。

别人告诉我，加里是一个很健谈的人。他日进斗金，但出身工人阶层。当我到他家的时候，他的妻子对门厅的杂乱表示抱歉。油漆匠正在刷墙，门厅里弥漫着一股油漆的味道。开始采访之前，加里协助妻子一起追赶、鼓动、引诱儿子们上床睡觉，免得他们穿着睡衣在房子里到处乱窜。加里是个很开明的人，也愿意开诚布公地跟我们谈谈他有关钱的体验。

我完全不介意谈钱。最近几年我的收入时高时低。今年我收入 150 万英镑，去年挣了 250 万英镑，前年 100 万英镑，大前年 50 万英镑。这是我头一回本年挣得比去年少。这是蛮有意思的一件事，我的心理因此出现了一些变化。我说我今年挣了 150 万，其中一大部分都是奖金。我每年稳定的收入是 15 万英镑。除非我因某种缘由被开除了，比如跟老板的老婆有染或是其他原因，不然我就很确定一定能拿到这么多钱，我确信还完抵押贷款之后仍有余钱。我去年领了 250 万奖金，这是稀松平常的事了。

我在伦敦城打理投资基金。我是一个 20 人团队的一分子，负责管理 150 亿英镑的基金，一年我们平均从中提取大概 1%。也就是说公司一年付给我们 1.5 亿英镑的费用。从 1994 年到现在，我入行已经 15 年，算是很长的时间了。我是怎么入行的？全凭运气吧。我喜欢自己工作的许多方面。在工作中我面临一个智力上的挑战：我必须试着去理解这个世界，而世界本身就很复杂。我喜欢和一群聪明人携手并进。我喜欢有机会接触公司顶层的人。基本上我可以安排跟欧洲任何大公司的 CEO 会面几天，比如玛莎百货的 CEO。因为我们是他们的大投资方，而投资方和股权人在法律上和技术上而言是共享这个公司的。这个问题很有趣：什么是权利，它又与金钱发生什么样的联系？这是一个拥有实权的职位，但并非是像罗伯特·穆加贝①（Robert Mugabe）那样的权利。游戏规则已经界定得十分清楚，这些规则十分明确地划定了你在资本主义体制里享有多少权利和影响力，你无权判定别人的生死，也当不了别人的救世主。

---

① Robert Mugabe，津巴布韦总统。目前是非洲现任最年长的国家元首，也是非洲现任执政时间最长的领导人之一。

基金管理人的工作是资本主义金字塔顶端的工作，这样的话听起来并不过分妄自尊大或像是陈词滥调。通过这份工作，我能够了解现代世界的运作方式。不论你愿意与否，现代世界既由公司掌握，也由政府运转。我得了解中国、美国，以及全球发展。你不可能对天下事无所不知，所有事情都彼此关联，世界因此错综复杂。所以我总是试着把真实的世界简单化，而这也正是压力的源头。我可以一天 24 小时都埋头工作，但仍然觉得自己对此一无所知。我觉得自己好像永远都在准备一场考试，而考试每天都接踵而至。即便到了晚上和周末，我的大脑依然上着发条。只要一拿起报纸，我就不自觉地把世界上每一条新闻都跟我证券投资组合里的一项投资或未来的投资挂上钩，所以我基本上从来没能真正有机会停下脚步休息一会。

这一行竞争激烈，所以我的表现每天都要接受评估：这就好像每天我都得关注比赛成绩表，看看跟竞争对手相比我做得如何，我的基金是否运作良好，因为在名义上我是这支基金的管理人。因此这份工作不好的一面在于，如果有段时间表现欠佳，会全面地破坏我的心理状态。如果做得很糟，我感觉自己会出现轻度的抑郁。如果历经好几个季度，甚至好几年不在状态的情况，我会背负极大的压力。但假如最终成功了，我的报酬是非常非常丰厚的，这样优厚的薪水是目前的经济大环境下做别的工作绝对拿不到的。除非改行做足球运动员或是摇滚明星，否则我不会考虑从事其他的行业。作为一份朝九晚五的工作，我觉得这份职业堪称完美。如果你能够运筹帷幄的话，这是油水很足的一行。

因为挣钱多，我总是不知道怎么才能将钱花掉。我们把钱都变成了资产。坦白说，我们不怎么花钱。挣了这么多钱，除非夜夜笙歌，根本没法花掉。而且我觉得人们也不可能那样玩命花钱。唯一能把那么多钱花掉的地方就是大量地累积资产了，只有购房和买车才能消耗大笔资金。许多跟我们收入相当的人会把钱花在购买度假别墅上，但我们不会。我们有辆不错的车，已经开了两年，也没觉得有必要换一辆新车。我们会去购物，我特别痴迷训练鞋，所以买了很多双训练鞋。我妻子喜欢衣服，但她仍然会去 Topshop 购物。

一次让我们烦心的经历是第一次购买昂贵商品。我们买了两个水晶吊灯，一对吊灯就花了我们 7000 英镑。花这么多钱让我郁闷了好一段时间，因为我父亲几乎无以为生，我年幼的弟弟还在接受教师培训。我妻子最近买了一幅挂在那边的彼得罗·赛尔(Pietro Psaier) 的作品，这位画家曾与安迪 · 沃霍尔 (Andy Warhol) 在纽约的一家工厂共事，等等之类的事情。别觉得我讨厌这盏灯。我挺喜欢的，它们精美绝伦。我也很愿意在墙上展示一些美丽的艺术品。从宜家买来的一盏小灯挂在墙上似乎显得有些寒碜了。我们得购置一些跟这房子相称的东西。我就是这样说服自己的。

去年买下这套房子让我背负了一些压力，这在当时对家庭而言是件好事，然而我心里仍然有个声音在说："你没必要买这么大的房子，你没必要花 280 万英镑买房子，其实只要花个 150 万或者 200 万英镑就好了，其他的钱就存在银行。"但讽刺的是，现在我比两年前更加感到手头没钱、资金紧张。虽然两年前我挣得更少，但是债务更轻，要用钱的地方也不多。听起来似乎这不合常理。我不想背上抵押贷款。然而我们必须得借钱才能买得起房，我当时很痛苦，最终还是借了一定的钱。我们借了 90 万英镑的抵押贷款，银行的存款有 4 万英镑。我觉得到明年 3 月份应该能还清贷款。我们的借款不足房子市值的30%，应该明年年中能够清还。因此，跟普通人相比，我们的做法是极其保守的。如果我以前能像大街上的某个三十来岁的人一样借个几倍的钱买房，估计当年都能在苏格兰果断拿下一座城堡了。实际上在那时苏格兰的一座城堡可能比我这幢房子还便宜。

我仍然身处有关金钱的文化冲击之中。我完成了一个阶级的跨越。我成长在考文垂（Coventry）典型的工人阶级的工党传统之中。我祖父曾担任过工厂的工会代表。我来自英国中部考文垂的一个普通工人阶层。我父亲在一家汽车工厂工作——一家拖拉机制造厂，他是制造精密工具的工人。我上了一所普通的综合中学，之后进入大学。我觉得我分属两个阵营：既属于我家庭所在的工人阶层阵营；同样也在伦敦城工作，认识很多跟我一样收入丰厚的人。我的一些最好的朋友跟我收入差不多，还有一两个收入比我高。许多跟我同样职位的人，如果他们在成长过程中从不缺钱，就体会不到我面临的焦虑。我觉得自己像是中了彩票，不愿意把奖金白白浪费掉。我弟弟问今年我拿到了多少奖金，我告诉他接下来的一年情况不太乐观，但还算不错。他说："听起来好像你中彩票了——再一次。"这就是普通人的观感。我们谈到的这笔钱是共同资金的盈利，我必须得记住这一点。它以一种有些古怪的方式让我心生恐惧。我尽力确保自己不把它搞得一团糟。

另一种看待金钱的方式，就是我净值多少？资产加上储蓄，去掉任何负债——所谓负债也就是抵押贷款——如今这可能是400万英镑最值钱的部分。人们会嫉妒那些年薪10万的人，因为跟许多普通人相比这份薪酬已经相当诱人，以他们并不特别出众的才华能拿到这样的高薪，他们应当感到相当幸运。而年薪10万的人瞄准的则是那些年薪 20 万英镑以及 100 万英镑的人。对我而言，我惦记的不是另一个有着 400 万资产的人，而是那个拥有 1000 万英镑的家伙。人们的天性是总盯着那些挣得比你多，但在某些方面不一定比你有才华的人，觉得生活完全辜负了你。在充满竞争的工作环境里，这样的心态会被放大——伦敦城就是这样的地方——这种嫉妒的行为和心态会面临考验。不过我从家人和朋友那里并没有感觉到嫉妒，从来没有。可能是我没有觉察吧！也许你去问，他们会说："是啊，这家伙不过是走了狗屎运！"业外人士从来不知道这一行的真实情况。我从来没有高尔夫球裤或这类所谓土豪装扮。最近几年我都很走运，以我现在的财政状况已经可以安然退休了。如果我们愿意，完全可以明年年中离开伦敦，在多塞特郡（Dorset）买一套 100 万英镑的房子，同时在银行存入 300 万英镑，每年坐收 150 英镑的利息[①]，再也不需要工作。这对一个工人阶层出生，年仅 39 岁的人而言堪称完美。所以对你之前的问题最简短的回答就是，有钱真好。

有钱意味着我会尽我所能帮助我的家庭。5 年前，就在父亲还有一年即将退休的时候，他患上了心脏病。他在汽车工厂里生产精密汽车工具，因为收入微薄他无法搁下手头的工作。但是我希望他能够停下来休息，所以给了他一笔钱足以让他休养一段时间——这笔钱是他一年的薪酬，也就是 11000 英镑。但是当时我挣的钱远远比不上现在，所以对我们而言已经是很大一笔开支了。我不想听上去好像我是特蕾莎修女之类的人，因为我肯定不是这样的人。

① 根据英国近十年官方银行利率，最低点为 0.5%。因此书中陈述的存入 300 万英镑，每年收入"150 英镑的利息"，该数字应为受访者口误或作者记录有误。

但是钱的一种功能就是帮助你做到类似的事情。我觉得我离开人世的那一天，或者更恰当一点说，在父亲离开人世的那天，我会感到资助父亲提前退休休养是让自己最骄傲、最欣慰的事情之一。我不希望在自己能够资助父亲的情况下，他还要为了钱干一年的苦力。去年我拿到了250万英镑的奖金，完全出人意料。我们给家里的许多人一张上千元的支票——苏妮塔的两个兄弟，她的妹妹还有父母，以及我的兄弟。我们开出了六张支票，让他们知道："我们今年收入不错。你们也拿些钱去花吧。"依据他们的处境和需求不同，每个人拿到的钱也不一样。不过基本上都是从1000英镑到5000英镑不等。今年，因为我们搬到了这幢房子，而且要还贷款，就没有给他们发支票了。我可不想变成摇钱树，我不想大家对我产生依赖。听上去好像特别屈尊俯就，尤其对我弟弟而言。他们都是成年人，有自己的生活，所以我只会给他们合理的钱，我花得起的钱，我不希望将来为了这个后悔。这些钱可以帮助他们，但尚不足以改变他们的人生。我觉得以这种方式帮助家里人很好。

还是个孩子的时候我从来不相信这句话："付出比收获更好。"人们常常在圣诞节这样说。我祖父就这么说。我过去曾想："这不是一派胡言吗！获得比付出永远都要好！"但是当你有钱了，我真的相信付出确实比获得要好。我觉得这是世上最好的事情之一，最好的事情。可能我有些过分抬高自己了。这是有钱之后能做的最好的事之一。有钱之后最好的事情就是你不用担心没钱。做一个好人变得更加容易了。如果你愿意，大部分的付出都是适度的。我不确定付出的目的是否都是为了做个好人。

举个一个很好的例子，几个星期以前我跟我的弟弟以及他的家人去多塞特郡（Dorset），相当于度个小假。我弟弟有个小女儿，年纪在我两个儿子之间，一起出行很合适。我们入住了多塞特郡的布里德波酒店。酒店房间的价格是140英镑每晚。他们付不起这么贵的房费。我们说："你看，我们希望你们跟我们旅行，所以我们来支付你们同行的费用吧。"我们为他们的房费、伙食费买了单。而他们一路上偶尔出点小钱。我弟弟开了个关于这个周末的玩笑，说如果把我花的钱加起来，对比我的收入；以及他的开销，对比他的收入，比如他给我们买一包薯条或者之类的东西，结果他们为我们付出的比我们反而要多。他说得没错！这也说明了有钱之后显得慷慨有多么容易！

我年轻时候的政治理念是社会主义的。虽然随着时间的推移发生了转变，但是我没有本能的、右派资本主义的条件反射。然而我想说反全球化让我非常非常生气。在我眼里，极其愚昧无知的人才会宣扬反对全球化以及全球资本主义。我妻子来自孟加拉共和国，我们时常去那儿。在我遇到她之前我去过好些第三世界国家，所以对于真正的贫困我有所了解。大部分反对全球化的人和反对资本主义的人都不明白经济发展的模式，以及人们的收入水平是如何逐步提高的。但现在我并不是说公司都是好的，资本主义是唯一前进的道路——完全不是。许多反公司、反资本主义、反全球化言论的问题在于它们根本没有提供其他可选项。我觉得这不够好。仅仅抱怨一个体系的运作方式而不提供其他选择是不足以理服人的。而且我觉得我从来没有听到过任何一个合理的可选项。在某些方面资本主义是不完善的，它会造成收入不均。如果管理不善，资本主义会导致很严重的不平等现象，因此需要对此进行控制。在我工作的金融市场，有些事是极端不公平的。我不会因为自己在伦敦城工作，就为此辩护，其实我常会批评伦敦城的种种不良现象。

我的运气和职位带来的一个好处是：我有能力，也有机会不必为别人打工。我是家里第一个享受这样奢侈人生的人。我从来不会认为美好时光会永无止境，其实我总会偏执地想象假如有一天没了收入会怎样——一直如此，因为我看到过这样的事发生在工作领域里许多比我年长的人身上。另一个看待这件事情的角度是，11月份我就年满40岁了。在我的工作中，40岁已经算是日薄西山了。我喜欢我的工作，它一直都在挑战我的智慧，但仍然是一份狭隘的工作。我不想余下的15年都耗在伦敦城。我还有许许多多别的事儿想做。我想去攻读一个哲学或者历史学位。这个时刻终会到来，而且非常快。我还希望挣来的钱能够换来一个机会，带领我的人生走入全新的领域——这就是我的全部希望。所以如果你15年内采访我，我会向上帝祈求希望现在正在做着不一样的事情。这并不意味着我不享受我现在正在做的事，我很喜欢。但是希望在下个10年或15年，我能够利用钱带给我的机会去学习，做一些不一样的事。

第八章

拒绝

丹尼尔·亨顿：

“基本上你只能用钱做两件事：要么用它擦屁股，要么一把火烧掉。”

有无任何事物可以取代银行业和资本主义呢？能否生活在现代社会而不涉足金融体系呢？是否真正有另一种跟钱打交道的生活方式存在呢？我对这些问题都感兴趣，但我最关心的，是如何才能一日复一日地用手上的钱买到需要的食物。一般来说人们一星期会花 76.38 英镑购买食物。英国是欧洲各个国家里食品通货膨胀最高的国家，食物成本的增长速度比平均工资的增长速度快 3 倍。据估计英国家庭中有 100 万儿童食不果腹。

在充斥着琳琅满目各种食物的超市里转悠，我却囊中羞涩，这让我想起了儿时看过的一档电视节目《扫荡超市》（*Supermarket Sweep*），参赛的队伍只有五分钟将他们的一辆超市推车尽可能地塞满食物。超市会将胜利那支队伍推车里的所有食物奖励给他们。想象一下你可以免费获得所有想要的食物，想象一下你可以免费把超市里所有想要的食物都打包带走的轻松和自由，那是一种什么样的感觉？

丹尼尔早早来到我的公寓，迫不及待地开始访谈。他身材非常高大，看着特别健硕，皮肤因经历风吹日晒散发淡淡的光泽。最开始他蜷缩着坐在沙发的一角。采访到一半，他问我有什么可以帮忙的。我说，真的没什么。但他看到没洗的碗碟，坚持要帮我清洗——所以我们的采访就在厨房里进行，我在洗碗池边拿着录音机，丹尼尔在洗碗。他花了 15 分钟仔仔细细地清洗我的滤网——我的滤网从来没洗得这么光亮过。我给了他一包有机大米作为回报，但他说不需要。

上一次我翻垃圾堆是星期五在沃辛（Worthing）超市。我跟几个朋友一起，在垃圾箱里找到6只鸡，仍在保质期而且还冒着凉气。我们还翻出一些蔬菜、巧克力和饮料。我们现在还在吃几个星期前找到的土豆——土豆存放的时间长。我们只把一部分从垃圾堆里找到的食物储存起来，其他很多都分给了朋友。有时候我能找到足够吃一个星期甚至两个星期的食物；有时候我可能得一天去一次，但在我记忆里从来没有一个星期去7次的。

当别人第一次告诉我："你肯定猜不到你会在垃圾堆里找到什么！"我会想："垃圾堆？你疯了吗？我从来不会去翻垃圾，满是细菌还到处是蛆！"但实际情况是常常会有一些很干净的垃圾箱，食物仍旧打着包，外边裹着一层厚厚的聚乙烯袋子。我极少会碰到真正爬满了蛆而且脏乱不堪的垃圾桶。大型超市往往会把垃圾桶藏起来，但是你可以在许多小型和中型的超市里找到垃圾桶。这是法律的灰色地带，但我们还没有听说有人因为偷垃圾桶里的东西被指控的。如果已经把东西扔到了垃圾桶，必然也就意味着放弃了对该物品的所有权。不同的超市对此的态度也不一样。玛莎超市会把所有的垃圾都染成蓝色，防范那些翻垃圾的人。有好多次我的朋友和我被当场抓住，双手都是蓝色无法抵赖。如果蓝色颜料染到了像蔬菜这样的食物上，我就根本不能吃了，如果只是沾到包装袋上就没问题。有些超市会把食物的价格降到最低，几乎一文不值，或者是直接发配给员工。但实际情况是，即使自称这么干的超市其实并不会真的这么做。

超市扔掉食物有很多原因。有可能是订购量超额。有可能是更换生产线不及时。又或者，如果一个盒子里12个鸡蛋中有一个破了，整盒都得丢掉。而且常常不仅是装烂鸡蛋的这盒，而是所有跟它一起冷藏的盒装鸡蛋都得扔掉。如果一箱中有一支啤酒瓶碎了或漏了，整箱24支啤酒都得丢掉，因为它们都给浸湿了。超市觉得完全不值得花时间和精力把酒瓶清理干净，因为进货成本本来就很低。如果过了复活节，超市还没有卖掉所有复活节巧克力，它们就会把这些没有任何质量问题的巧克力统统扔掉。资本主义的本能就是浪费。

人们认为只要食物过了最佳食用时间或者保质期就应该扔掉，尽管所谓最佳食用时间以及保质期不过是虚拟的。很多相关法律的制定都是为了增加零售商的收益。《国家地理杂志》以及其他的科学家都证明最佳食用时间或保质期并不能体现产品的自然生命周期。我就是一个活生生的例子。我每天捡来的成堆成堆的商品都明显过了保质期，但是它们一点问题都没有。告诉你一个我的常识，你们去超市购物和我捡垃圾都能用到。一样食品我会闻一闻，看看食物包装是否有异样，或者是否闻起来有异味。我还得看看是否有细菌滋生，因为包装袋鼓起来了。如果是肉和鱼的话，当然我得格外小心。肉类食品我会严格按照保质期食用。这一点你不能冒险。

7年前一些朋友带我去超市的垃圾堆，我才有了这方面的意识，我第一次亲眼见到人们扔掉了什么样的货品——从150条仍在保质期内的冰冻鱼到MP3播放器到DVD播放器到时髦衣物到各式家具，所有你可以想见能在零售店货架上拿到的东西，无一例外地都会在某个时刻出现在店外的垃圾堆里。我最初的想法是："谢谢你们！天哪！免费赠送！"但随之而来的就是愤怒："这还只是伦敦郊区的一家小超市。难道全国的超市都是这样吗？西欧国家也是这样吗？整个欧洲也是一样？所有的发达国家是否都一样，我们正在浪费不计其数的商品，把它们都送到垃圾场浪费掉？”

我找到什么就吃什么，这个过程更像是一种惊喜。捡垃圾的一个问题在于，自然而然地，你可能变得不那么挑三拣四或者大惊小怪。我真不记得什么时候我会漏掉任何一样东西不捡回来吃和用的。在垃圾堆里我什么都能找到：烟熏三文鱼、香槟、极品牛排、时尚服装。我并不一定是在想要某样东西的时候去翻垃圾，而是真的需要什么才去找什么。我现在的饮食比之前吃超市货架上买来的东西还健康，过去七年我只记得生过两次病，病因是吃了别人从快餐店买来的食物。有了这么多可用的垃圾，通过循环再利用你就可以过上非常健康的生活。我这么说并非将超市妖魔化，超市有日益成熟的系统逐步将浪费减少并最小化。大部分的浪费都来自家庭。40% 的商品都被浪费掉了。根据废物资源计划（Waste Resources Programme）的统计，3 个装满食物的购物袋中的 1 个都被丢垃圾堆了。在英国，每天产生 1800 万吨的垃圾，浪费掉价值 10 亿完全可食用的食品；然而与此同时有数百万人因饥饿死去。目前世界上有大约 12 亿人营养不良；而与此相对有 12 亿人患有肥胖症。这是一组很有趣的数据，因为它体现了人与人之间的相互联系：我吃的每一口过量的食物就是这个世界上某些人吃不上的那一口。你永远不可能看到有人把面值 50 的 102 亿英镑扔到垃圾堆里去，但这其实就是我们在做的事情。

我尽量只是在去某处的路上顺道去一趟超市，不会花很多时间和资源搜寻免费食物，要不然就无所谓节约能源了。反消费主义的典范就在于充分利用资源。我会把道德、时间、精力、金钱、燃料等等因素都考虑在我的决策里。我常常能找到智利的商品，或是厄瓜多尔的香蕉。厄瓜多尔的香蕉会在地里种植，之后花大量成本运往港口，投入大笔资金将它们冷藏在货船里运往西方，抵达之后花昂贵的运费送到成熟中心，之后成熟中心卖给批发商，再由批发商倒卖给一个超级市场。这些香蕉的很大一部分最后都被丢弃在了垃圾场。整个过程消耗了生产能源、运输能源，最后产生的甲烷污染了环境。这些浪费和污染的源头就在于金钱的欺骗性。我们需要更加理性的思维方式。金钱只是人与资源之间的一种调和。我在 M4 旁边的公告牌上看到一些裸女构成的字母，形成几个大字："贪婪有益。"媒体总在劝教导我们背叛自己。贪婪并非好事。它将人们摧毁，带给人们的生活和环境毁灭性的打击。为什么还要把这样的信息传递给大家呢？

1999 年的时候，我才 24 岁，那个时候我还是一家市场营销和设计公司的客户执行主任，工资可观。当时我的工作是怂恿别人买一些他们并不需要的产品。我的人生拥有了一个很好的起点——想要的应有尽有。我在英国的肯特郡（Kent）长大，在私立学校接受教育，后考入牛津大学，在 2:1 的比例下毕业于实验心理学专业，世界尽在掌握。我似乎被放到了传送带上，以为有钱才能生存，所以出卖灵魂做着丧失信仰的事情。我日复一日地追逐金钱，却从未觉得充实圆满。我总觉得似乎要得到最时髦的玩意、最昂贵的衣服、毒品、酒精以及永无止境的假期才能感到满足。我总是用那些永远不能让我满足的东西填塞自己。之后我看到了这些行为的疯狂和不理性。我不仅觉得自己格格不入，而且也意识到自己同时夺取了别人的快乐。那是一个逐渐觉醒的过程：并不是一次顿悟。当时我会问自己一些非常简单的问题，比如："为什么现在有这么多资源和食物供人们浪费，而仍然还有人在这个世上受苦？为什么我做着自己都缺乏信仰的工作？我是谁？我想成为谁？我来这个世界上是为了什么？”工作的最后一年我穿过伦敦，从我住的地方帕特尼（Putney）一天走5或10英里到我工作的爱奇威尔路（Edgware Road），只是为了能边走边思考。这是我一天中最美好的时光，就像是我的冥想、我的反思期。

2002年的时候，我见到了一群人——反消费主义社团（a community of Freegans）的成员。他们是真正将信仰付诸实践的人。反消费主义（Freeganism）切切实实免费付出时间帮助他人，免费付出劳力、拥抱或者任何东西。他们生活简单、实话实说。没错，我也许不能带来重大的改变，但至少可以在自己的人生里为一点一滴的事情负起责任来，比如善待地球。作为一名反消费主义者，我尽可能省吃俭用。生活里也有基本的开销，该花钱的时候还是会花，但是我仍然不认同人真的需要钱。我生活下去靠的是各种馈赠而非薪水。我99%的衣物都是别人送的或是捡来的。偶尔如果我有需要的话，会从慈善商店买一些东西。我刚把果汁机洗好了，你放哪去了？我发表关于消费主义的文章，显然需要支付一些印刷费用，为此我常常会请人们捐个几便士，因为免费到手的东西人们也不珍惜。但是我不认为金钱是我的主人。基本上你只能用钱做两件事：要么用它擦屁股，要么一把火烧掉。

过去5年里，我不定时地会露宿街头，或是跟住在社区住房[①]里的朋友们一起过夜。那个时候我住在一辆房车里。在现在看来，那辆房车就像是一座城堡，因为我一直一无所有，所以但凡拥有的东西都像是一份礼物。即使是对这辆房车，我也可以感到属于我人的本性那一面已经开始对它产生依赖。无论何时当我感到对

① community house，英国提供的社会住房的一种，面向收入微薄、需要住房的人。

什么东西有了依赖，就是该放手的时候了，我要在生存的道路上两手空空、无牵无挂地继续走下去，考验自己是否可以摆脱对外在物质的依赖。

我花钱买房车的时候正需要柴油机车，需要缴纳保险费和税费。房车是我用来跟人们会面、传递信息和引起关注的一样工具。最近我们把它进行了改装，百分之百变身为植物油驱动车。你可以过滤植物油，将杂质滤出，用废弃的植物油驱动房车，完全绿色环保。人们真心想给我们提供植物油。从学校到监狱到餐厅，每个地方的煎锅里都剩余大量植物油，他们常常会装几桶 20 升的油给我们用。我真希望人们能发明出靠水驱动的车。但往往这样绝佳的发明专利会被全部买断，因为这牵涉到机动车的生产商和燃料公司投资的利润，他们不希望这样的发明破坏他们的利益。

在反消费主义社团里我们开设了一个共享账户，但户头里的资金并不属于我。这是一个共享资源，就像是社团的公用钱包。如果我们要支配这笔钱的话，在决定如何使用资金的方面，我们共同负有责任并需保持透明度。假如有人提供给我一份工作，给了我 20 英镑，我就得把钱存入这个社团钱包。我不知道我的年收入是多少，总之是低于 2000 英镑。我的收入很低，而且还在持续降低，这就是目的。不好意思，这是我的手机……一部新手机，因为最近我们有了资金，跟媒体联系沟通需要用到手机。如果有特别的事要办，带着这部手机就很方便。但这并不是我一个人的手机：是我们的手机，这是社团的手机，我不过是今天拿着它。如果你拨通这个号码，可能接电话的是好些不同的人。

我觉得自己很富有。财富是一种心理状态，不是吗？乐施会曾经有一则广告：“迅速致富之道——付出。”我一直一无所有地露宿街头，但内心充满快乐。内心的天地，对我而言才是真正的财富。我称之为一种精神财富。我会说我很幸运。我不会过分美化露宿街头的生活，如果你感到冷，你就是冷；如果你孤身一人，你就是孤身一人，我确信很多无家可归的人很讨厌这样的生活。但假如你选择了这样的生活，尤其是身边还有一群朋友，它就变成了一种彼此共享的体验。我发觉一个人如果越多地摘除安全网，冒险的时候就会更加理性、深思熟虑，也才能更多地将自己敞开，妙不可言的事情才会发生。

做个反消费主义者很有趣：比如你无法预知自己会发现什么的时候，或者别人会与你分享什么的时候。当你对转角之后的遭遇一无所知，人生更像是一场旅程，越来越刺激惊喜。人生因此而呈现不同的色彩——非常过瘾。但是当我们想把每件事情都束缚住，把自己固定在某个地方，也就失去了人生的意义。当然我会担心，我也不过是个人——我弄不好这个筛子，我在想是不是可以用一个叉子把里面的东西弄出来——我担心需要担心的事情。我觉得我唯一担心的事情一定不要偏离那些我认为重要的理想。但是担心这些又有什么意义呢？

在成长的过程中，我从没有真正想望过什么，我决意这样生活是因为我心甘情愿坚守贫穷。有些事情我母亲也并不同意，但即使在这些方面我们仍然存在相互理解的桥梁，因为有爱在背后作为支撑。选择贫穷对像我这样的人而言很容易，在人生中我已经得到过非常好的机会，这也正是为什么我觉得自己有更大的责任分享我的财富，尝试去利用我的教育回报社会——不是以自私的方式，而是更加理想主义的，在我看来——以一种反消费主义的方式去完成。

第八章 拒绝

第九章
记账

瑞秋·汉普顿:

“匿名债主会让我觉得，生活不在于我究竟挣多少钱，而在于钱该怎么花!”

仅仅因为收入微薄感到羞愧，即使这种想法不合逻辑，也让我拉不下脸去超市垃圾桶捡食物来吃。我勉强度日，但我不想负债、不想跟法警打照面。大部分时间里面对财务状况我似乎都笼罩在一团迷雾之中，搞不太清楚究竟自己有多少钱，而且也不想知道，因为直面银行账户里少得可怜的那点钱会让我备感压力和恐惧。但是管理好家庭开支并且平衡这些数字是有意义的。到底该怎样才能做到呢？

我走到瑞秋公寓的时候她正在等我。在正式开始访谈之前我们先在厨房里聊了一会儿。我们坐在她宽敞的、米色的起居室进行采访，录音机搁在一个白色大沙发的扶手上。我反复向瑞秋保证她可以畅所欲言，我会依据她的意愿，将她的谈话内容仅仅记录在我的书里。瑞秋个子娇小，深棕色头发，样貌出众，精明能干。

你想知道些什么呢？关于匿名债主会（Debtors Anonymous）？我有一次跟一个女人一起参加一天的教练工作坊，她提到这本关于如何避免和摆脱负债的书。6个月之后，因为债务，我对钱充满恐惧——我欠了债，感觉那时候根本不知道究竟有多少。我刚刚从玛莎超市[①]借了贷款，这是他们准许的一部分贷款，3000英镑，需要的时候就可以借出来，所以我借了很多。我担负不到3000英镑的债务。我有几张信用卡，透支了1200英镑，以及玛莎超市的贷款。我欠我父亲300英镑。如果你想知道的话我可以告诉你具体的数目。我可以把数字记录拿出来，因为我一直保存着。2898.70英镑。我很害羞——所以我是否能跟你确认一件事——我不用露面——只需要跟温蒂对话就行。

我那时38岁，刚刚离开教职，从还算不错的生活状态沦落到对未来一无所知的境地。我感到尴尬万分、羞愧难当。我已经把仅余的存款都花在了一个心理治疗训练上，第二年却被迫中止，因为我既没有收入，手头也没钱。我还记得自己双膝跪地开出这张支票。我真的非常担忧：我刚刚开始了一段感情关系，他的欠债比我还要多，我们想要结婚，但我看到的只有一起挨穷的未来，这太可怕了！这也是我参加匿名债主会的原因。我拨通了联系人的电话，却说不出话来。之后我又打回去，参加了第一次会面。我非常兴奋，不知道是否会再来，当然我后来又去了那里，而且一直坚持了下来。

我喜欢匿名债主会的原因在于，那里没有一个人拥有专业技能，没有一个督促者，没有一个无所不知的人。所谓聚会也就是一

① 玛莎超市曾设有金融服务部，该部门在2004年出售予英国汇丰银行。

群人聚在一起。参加的人数从 3 个，到 33 个或者更多。你不一定要加入讨论，当天露个面就可以了。它从某个时间开始，到某个时间结束，往往持续一个到一个半小时。这个聚会有一定的组织结构，会有一些阅读活动，制定了一些规则，每个人可以依据自己的意愿选择说话还是沉默。会有人为大家通读聚会的组织结构情况，但他并不是权威人物，这个聚会里没有权威人物。我第一次去喜欢上这里的一点是人们正在谈论有关金钱的现实，这是我在别的地方从没遇到过的，而且他们不以此为耻。此外还有人在聚会中流泪——包括我自己——这让人感觉一种巨大的释放："我的老天，居然有这么一个地方人们会谈论钱的事情，这是见所未见的。"在匿名债主的聚会上我们不是去评论别人，而是告诉大家："这是我的处境。"

渐渐地我开始跟那些见了几个星期的熟面孔交谈，终于有人能够多少帮助我应对现在的处境了。我请两个人来看看我过往的财务记录。加入匿名债主会之后 6 个月我才这么做，因为我实在羞愧难当。这是第一个我让两个成员了解我收入和支出情况的压力释放小组，他们跟我谈了谈我理想中的生活是怎样的："你一个月想去几次餐厅吃饭？"又或者："如果你去剧院，想坐在什么位置？"我之前成长的环境一直一贫如洗，这让我觉得，你不应该有所念想，不能有所奢望，你们都贵得叫人咋舌，把你们买下来就是穷奢极侈。匿名债主的这两个会员问我类似这样的问题："你想坐在剧院的什么位置？"我回答说："嗯，理想的话我想坐在包厢里。"他们说："那得要花多少钱？"我说："哦，我觉得花 35 英镑吧。"——那是在 1999 年。去剧院看戏而且能坐个视野好的位置跟我当时的生活习惯相差甚远。直到那个时候我在剧院仍然只选便宜的座位，吃饭只花 5 英镑。我觉得我付不起这个钱。而他们让我认识到即便我挣不上大钱，也可以决定为一顿美味大餐掏腰包。匿名债主会让我觉得，生活不在于我究竟挣多少钱，而在于钱该怎么花！

我刚完成的一件事是存够钱享受一次不赊款的假期。我在希腊一个叫普拉西斯（Praxis）的小岛度了一周的假，那里是我一直向往的地方。临行之前，我把旅行中每一笔开销都纳入了考虑，比方说，我搞清楚了住旅店可能得花费多少，最奢华和最廉价的旅店都考虑在内。我为坐车去机场，在机场喝咖啡以及旅途中的开销都存下了一些钱。因为我预先存下和分配好了这笔钱，也就免去了为行程中出现接受不了的消费而担忧，我感觉非常轻松愉快。在此期间发生了两件我永生难忘的事情。在旅程即将结束的前一天，我之前都没在旅途中花钱，所以就掏钱玩了一把快艇滑翔伞。我从来没体验过这个游乐项目。虽然让人心惊肉跳，但也是毕生难忘的。另一件事是在回程中，还有 80 英镑的余钱，匿名债主会的人们说："别忙着把钱存进银行，出门吃一顿丰盛的大餐吧，给你的假期拍些照片，庆祝你体验了这次旅行。"所以我去了那家时髦华丽的梅达韦尔餐厅，这是我之前绝对不会去的地方。我也有了让餐厅的法国服务生在我膝盖上铺餐巾的别扭体验，以及整个进餐过程中等着他们一丁点一丁点地为我上菜。

我最近给自己买的一样东西是布鲁斯·斯普林斯汀（Bruce Springsteen）演唱会的门票，我喜欢了他 25 年，从来没有机会亲眼见到他，我想："我一定得去看一次他的演唱会。下手买票吧，别担心一张票得花 65 英镑，就买下来好了——去看吧！"实际上我买了两张票，找了个人跟我一起去看。我有了这么做的勇气。我愿意花 130 英镑看一场演唱会，因为谁知道这之后还得等多久？

我之前的消费模式是这样的："我现在没有足够的钱做这件事，所以最好先别做，等以后有钱了再说。"我 20 岁的时候开始喜欢上布鲁斯·斯普林斯汀，这都是 28 年前的事情了。所以谢谢你，布鲁斯，谢谢你仍然继续在演唱，谢谢你仍然活跃在舞台上，58 岁的年纪依然摇滚。

匿名债主会里有各色各样的人。有些人是强迫性消费者，每天必须买点东西，不论是什么，不论它值 5 英镑、500 英镑还是 5000 英镑。有些人手头钱不够用，总惦记着自己很穷，这就是我的状态。我在成长的过程中一直都囊中羞涩，没法到处转转，我父母的成长过程中经济情况也是时好时坏。也有些人腰缠万贯，但觉得钱让人浑身不自在，害人不浅。有的人拥有一笔不属于他们的遗产。匿名债主会里充斥着各种各样的金钱观，但我们都有一个习惯，都希望与金钱建立稳定的关系。虽然我们之中一个人一年只挣 20000 英镑，而另一个人可能年收入 20 万英镑，我们的境况依然有很多相似之处。匿名债主会里的人常说，金钱并非有关几位数字的问题。

匿名债主会之所以能够起作用，是因为有太多充分的理由让它发挥作用。理由之一是你只是花一天的时间履行协会规则。所以我要做的只是一天之内不要超支，不要带着透支额度出行，不要借钱，不要使用信用卡。我要挂心的只有今天。我在个人成长方面已经花了好多年的时间，接受了各种心理治疗，梳理过多次家庭渊源，但是这些对于帮助管理金钱、挣钱或是培养花钱能力都不起作用。其实我在加入匿名债主会的时候就停止了心理治疗，因为我为这个治疗背上了债务，也不想再继续借债了。来到匿名债主会，很多人不知道自己的钱花到哪里去了。我就是这样。钱来了，钱走了，不知道去哪儿了，似乎就那样凭空消失了。我刚来匿名债主会的时候工资微薄，所以也不知道自己挣了多少钱，我也没去关心，只是浑浑噩噩过着日子，不知不觉背上债务。我觉得这是很普遍的现象。不清楚和不关注现实的境况是面临金钱问题的人们共同的特征：不知道自己欠了多少，不知道自己挣了多少，不知道花了多少，也不知道花在哪儿了。所以得把一切理清楚，虽然你可能会觉得把你在报纸、一袋 POLO 衫，或者燃气费上面花的钱都写下来有些麻烦，但至少这是你的消费信息。梳理清楚之后你不会再有这样的想法："没关系的，第二天一早一切都会恢复正常。"

最根本的原则在于只花我们有的钱，不花没有的钱。在匿名债主会里我开始思考，如何度过一天而不产生任何债务呢？如何才能与债务绝缘，也就说是不欠任何贷款，不借钱，不使用信用卡，也不增加目前的透支数额？但匿名债主会只囊括了一小部分人。我不断地听到关于人们负债的消息。前首相布莱尔背着巨额债务！英国人的个人债务在欧洲位居榜首。我一直听到这些报道，而我自己现在无债一身轻，这太好了。——我并不这么想。

匿名债主会的人建议我们做的事情之一是将每一笔消费都写下来。对有的人而言这是一种解脱，但对其他人而言，这样做招人心烦而且无关痛痒。操作方法就是，我写下每天的开销，比如今天买咖啡和三明治花了多少钱。有的人会保存收据，而我会把它们当即都记在笔记本上，之后在电脑上建一个 Excel 表格，在表格第一列的空格里写上所有的类别，比如餐厅和咖啡——因为它们是两种不同的事物，我可能每天都喝咖啡，但不一定每天都去餐厅。在一个星期内的某个时候——我这个星期还没这么做——我会把我笔记本里的所有消费集中起来，填入我的Excel表格里，这样我就能看到究竟在喝咖啡、去餐厅吃饭、购买食材上花了多少钱。随着食品价格上涨，这些开销也在增加。以及我已经花掉了多少钱，还有多少钱即将花出去，比如购买化妆品、衣物、未来假期开支等等。

我的表格里有25种类别，我尝试着将这些类别按重要性排序。匿名债主会的花费位列第一，比如我在匿名债主的聚会中往钱罐里投的钱。如果你现在看看我的电脑，顺着第一栏一行行地看下去，上面写着："恢复""治疗"——我那个月去了两次。"按摩"——理想的情况是每个星期做一次按摩，因为我的身体十分享受。这一点我还没能做到，但我在努力，现在我是一个月做一次按摩。有时候我会去做一次灵气理疗或是针灸。"健身会员""度假""艺术"——可能是去看一次展览，或是花钱买一些艺术品。"剧院"，我喜欢；"电影院"，我也喜欢。这些类别提醒我去做我喜欢的事，但奇怪的是我经常想不起来做这些事。"餐厅"，我喜欢外出就餐；"咖啡""便携式快餐"，偶尔我会给自己买快餐或是订餐上门；"杂货""家居用品"——包括从洗涤液到厕纸到洗刷用品。"化妆品"，包括保湿霜、卫生巾等等。

接下来我分列出了"抵押贷款"和"账单"的类别，因为我每月会将一大笔钱存入我的房屋账户（house account），按期自动扣款。我花钱购买电视收看许可证、自来水、燃气、服务费——所有的东西——通过我的服务账户（service account）付款，约有20英镑的上下浮动。"家居装饰"一栏绝对是受到了匿名债主会的启发。这是一小笔储蓄资金，每月40英镑，我一直在存钱，攒够了钱我就给自己买一个屏幕，我想放在工作区使用。最近我买了一幅新的百叶窗，因为我住的地方悬挂的窗帘已经用了20年了。“手机”的类别。“清洁机”——我喜欢购买这类器具，因为我讨厌打扫。不用亲力亲为打扫卫生给了人很大的自由。买清洁机确实是匿名债主会成员会做的事情，这些钱花得恰到好处。“打的和租车”：我自己没有私家车所以偶尔会打车，我也加入了有轨电车俱乐部。此外，我还列出了“衣物”“鞋子”以及“饰品”类别。

我还分出了 CD 的类别。我自己过去从没买过音乐制品，我总是从图书馆借出磁带来刻录。我现在不这么干了，因为录音机坏了。而且购买和收藏我想要的音乐是很重要的一步，此前我一直凑活着从来不给自己添置想要的东西。我渐渐开始收藏碟片。如果要收藏的话，我打算一周买一张碟片。“鲜花”——过去我总觉得它们完全是奢侈品，但现在是我日常的必需品，我喜欢给家里摆上鲜花，可能想买的花比现在还多。“自己的礼品”“别人的礼品”，这些东西在我加入匿名债主会之前也不会出现在日常开销之中。过去如果有人过生日，会对我造成巨大的压力，因为我觉得自己没钱。我必须给他们买礼物，也想给他们买礼物，但是钱又不够。现在我想买些东西，并且享受花钱的快感。买的东西可能包括一些珠宝。那边摆放的相框是我买的。我签离婚协议书的时候心想：“给自己买点礼物是个好主意。”我还买了些什么？或许是一本不错的书，也可能是放在神龛里的小东西，可能是一个小发夹——你知道的，一些便宜的小玩意。“自己的礼品”是匿名债主会的建议。很多年以来我都在剥削我自己，觉得给自己买东西不太好，显得有点贪婪，我唯一的生活方式是对别人付出，而不是为自己索取。“捐给慈善的什一税”[1]，我已经增加了一点这方面的额度。“邮件”是一个类别。“定居”。第一栏的最后一行我写的是“业务”，在这里我记录的是花在自己自由职业上的开销，包括从旅游、一晚上的住宿到购买电脑液晶屏的开支——我在别的地方也记录了这些信息。

这就是所有的类别，我会把所有的开支计算出总和，就能知道一整个月里我总共花了多少钱，然后心里就有数了。匿名债主会的观点是，如果我们知道钱去哪儿了，这就是信息，有了这些信息，我们就能做出全新的决定。所以我能决定：“实际上我不需要买一个清洁机。我可以自己打扫我的公寓，我可以把钱存起来，将来用来买车。”一旦你弄清楚了自己的开支，也就产生了各种可能性。

金钱重要吗？当我双膝跪在地板上的时候，是否觉得金钱正在真正地影响着我？是的，我的确会受到影响。我觉得自己完全被击败，而且感到绝望。当我告诉一些亲密的朋友我开始参加匿名债主会的聚会，他们中的一个说：“噢，你在钱方面总有些问题。”我当时很难接受这样的言辞，但事实的确如此。我觉得我有这样的预见：“我永远都会如此贫穷，我总会在贫困中挣扎。”所以当我双膝跪地之时，金钱确实变得十分重要，因为我感到自己被它彻底击败。

我不知道自己还能做些什么！我真正感到了恐惧。我有这样的困惑，现在仍然还有，而且觉得这样的困惑无法消除——我不知道钱是怎么生钱的。小本创业是怎么发家致富的，比如像阿伦·苏

① Tithes，一种宗教捐税。

加（Alan Sugar）这样的人究竟如何白手起家的。其他人究竟怎么做到的？我能理解这样的事实：你做到了这个那个，之后你创造收益，有了收入，人们必须在投入多少精力以及挣多少钱之间费尽心力保持平衡。在金钱方面我面临种种挑战，我还是会坚持去匿名债主会，因为对钱我依旧不甚了解！

我常常一个星期去一次匿名债主会。我可能会减少一点次数，因为我已经入会九年半了，也算熟门熟路了，但我仍然还有很多要学习的地方。在如何接纳金钱的方面我还有很多要学的，不知你能否明白我的意思。我看到那些参加《飞黄腾达》（*The Apprentice*）真人秀的人们，听他们说："噢，是啊，我的收入是8万到10万英镑。"我可能在某些方面具备与他们相当的才智和同样的能力。我学习到——而且正在学习——钱是一种工具。我从小到大一直的观念是：我不能花钱！但钱是流动的。所以尽管花吧，比如说，买一张剧院里位置不错的票，看喜欢的表演，给自己一个难忘的体验。这不是奢侈，这是一个礼物，而且记忆将永不磨灭。钱是工具，是做好事的工具。我还学到了什么？如果我存了钱，钱会越来越多！存钱是个聪明的举动，是个好主意！谈到今天，我现在头顶有一片屋檐遮风避雨，银行有足够的存款，我没有任何债务，我的橱柜里有食物，我还有良好的健康。我有一张舒适的床，这对我很重要。我能付清所有账单，电话都没欠费。我觉得我该有的都有了，真的。我能穿上我喜欢的衣服，再也不穿二手衣服了，我之前穿了好多好多年的二手衣服。我可能还会穿上二手衣服，但这么做的理由已经不一样了。匿名债主会是个很实际的协会，也给了人们精神支撑，让我产生了信任，相信会有一个适合我的世界，一个我未知的世界，一个我会去学习，也正在学习的世界。

第十章

冒险

迪恩·福斯特：

“如果是全身着火的话，我能挣6000或7000英镑。”

一个人为了挣钱能付出多少？他们会不会拿生命去冒险？我不会，但有人会。特技演员和女人常常为了挣钱惹火上身，也可能会从高楼上跳下去。如果特技出了差错，后果很可能非死即伤。一个人点燃自己能赚多少钱？挣钱到底会变得多可怕、多危险？

我在泰晤士河畔亨里镇（Henley-on-Thames）一家人群熙攘的星巴克采访迪恩。这是入春以来第一个阳光和煦的日子。我们坐下来，迪恩环顾四周，评论说："这里是拍打戏很适合、很理想的场所。如果我们在这里拍，效果会很棒，因为有很多桌子可以摔上去，很多椅子让我踢开，很多人被推推搡搡。"迪恩带着3岁的女儿来到这里，她已经玩腻了贴纸，其余的时间都在攀爬一堆木质椅子。"我女儿天生就是特技演员。"迪恩说。

点火的戏非常有观赏性。很震撼、很爆炸。这是我最喜欢干的事。而且视觉效果也很棒——我知道这话听起来很奇怪。点火的戏很震撼，绝对震撼。

如果只是我的手臂着火，危险就不是很大，即便出了什么差错也不过是灼伤手臂而已。如果仅仅是手臂燃烧我只能赚到几百英镑，但假如把我全身点燃，而且全身上下都着了火，危险系数就很大，挣的钱也更多。如果是全身着火的话，我能挣6000或7000英镑。危险越大的事情，钱也越多。钱的多少取决于他们想让我燃烧多久，火势有多大，是要移动，还是只需站在原地。戏服是很重要的一个因素。技术上我可以穿着泳装做一个全身燃烧的特技，但如果穿上了泳装，我会涂上凝胶。看上去很恶心，但这个特技不会持续时间很长。如果我穿着全套戏服，带着整个防火面罩，我可以让自己燃烧很长时间。世界纪录是大约两分半钟，全身燃烧，不戴呼吸器具。通常我不会让脸部燃烧。

被点燃之后感觉很奇怪。我听到“呼”的一声，看到火焰蹿了起来，我心想：“坚持一分钟，我能做到。”因为刚开始什么也感觉不到。但是过了一会，我感觉热气渗了进来，而且变得非常非常地烤人，这很可怕。这种感觉让人真心恐惧，因为到最后高温渗进衣内我真正感到了灼热。我不想跟你详细描述是怎样的感觉，因为我不想跟人们解释怎么把自己点燃，这可不是什么好事！这方面的科学技术非常了不起：防火衣、防火凝胶。并非只是说：“噢，我要把自己点燃。”相关的前期准备工作很多。我需要很优秀的安全工作人员以及消防队确保一切正常，我不希望出什么问题。这就是这份工作的问题，尽管它是安全的，如果哪方面出了错，那就是大错特错，结果会很糟。

我个人的观点是：我愿意身上的火被特技演员扑灭，不喜欢消防员来灭火。因为如果一个消防员站在那里看着我燃烧，他的工作、他的培训，都是有关如何灭火的。所以如果他觉得出了什么问题，会跳过来把我身上的火扑灭。之前有消防员提前太多把我的火扑灭了，提前太多太多了。而特技演员清楚什么时候你希望火被扑灭，因为他们之前自己也经历过，他们自己也做过自身燃烧的特技。一个消防员接受的训练是扑灭你身上的火。如果一个消防员看到一个身上着火的人，他们做的第一件事就是把他们推到地上，扑灭他们身上的火。而特技演员不会这么干。

做一个特技演员挣的钱是应得的，因为我不是每天就坐在一间办公室里，也不是一星期只工作 40 个小时。工作的时候我们也会常常坐着，看看电视，经常玩闹，但如果我们真的干起活儿来，确实会受伤，精神上和身体上都不可避免。比如说摔到水泥地上的特技。在演练的时候，我是摔在防震垫上，但是摄像机可能需要拍摄我摔到水泥上的镜头。我最近一个工作是让别人击打我的喉咙，把我整个人扔起来，再摔下来，所以我从四英尺的高度四脚朝天摔在水泥地上。虽然穿着身体护甲，但还是摔得不轻。而且我可能重复了这个特技两次或三次。但是我喜欢每一秒钟。我完完全全迷恋每一分每一秒。当有人给我打电话说："我给你找了份好活儿。"我不会问："什么活儿？"而是说："好，好吧，没问题。"不管是普通的日常工作，或是打斗和跌落的特技，还是四处瞎混，亦或是维持生计的工作，我问都懒得问，直接过去上手就做。很有趣，一无所知也挺好。

法律并不强制要求特技人员投保，在英国投保或不投保都是你的权利。但是如果你没有保险，BBC、ITV 以及 Channel 4 就不会考虑聘用你。我买了保险。我通过演员公会（Equity），一个面向演员的协会，买了份保险。上一份汽车保险恐怕比上一份特技演员险要更难，因为做特技演员，你的风险是可以预估的：如果我从楼梯上滚下来（我知道自己要从楼梯上滚下来），如果你从楼梯上滚下来，你就会受伤，因为你不知道会有什么意外发生。保险金额并没有某些高危行业那么高，但仍然有很多保险公司会说："不！"我的保险基本上涵盖了工作的方方面面。这是一种完全不同类型的险种，高风险。我今年花了大概600英镑买保险，个人险、事故险和死亡险。这还不算多。还有意外伤害险，如果我受伤了，无法工作，这个险种能补偿我的损失。我的工作面临受伤的风险，所以我投保了。我不会穿着泳衣拍撞车的特效，我会穿戴气垫以及护甲，驾车的司机是受过培训的特技演员，每个环节的时间已经设定，所有细节都按部就班。我并不是冲到路上突然就被车撞倒了，但是这个特技呈现出来的效果必须真实可信。我妻子在电视上看过我很多次，她也知道有许多特技都是依靠拍摄角度。做出来的特效比真实的拍摄要可怕得多。

高空坠落的特技聘金很高。因为如果出了什么差错将是大错特错，后果不堪设想。如果你死了，以后的工作就干不了了。很难说出一个具体的数目，因为讲到特技，涉及的东西太多。可能会达到几千英镑。这取决于我是跳进水里还是安全气袋上，要不要击打箱子，是否要在空中旋转。我在拍摄电视剧《急诊室》（*Casualty*）的时候，从吊车上跳下来的特技持续了两秒，当时的酬金绝对有几千甚至上万英镑。我从吊车上跳下来的时候，有潜水员在下方的水域监视着，而且数天前就要确保水足够深。结构工程师会检查吊车，说："从这里跳下去很安全。"拍摄的当天在场的有全体电影工作人员、演员、特技协调员以及特技演员。你需要有一辆救护车在现场待命，以防出什么差错，医疗顾问也在。每个人都需要酬劳，并不仅仅是给从吊车上跳下来的特技演员几百英镑就够了。所有这些都是为了星期六晚电视剧的播出，在银幕上出现一次，再无重播。做一个大型的特技需要的钱非常非常多。

这些风险都是可以预知的风险。如果有人说："噢，你从楼上跳下来吧。"千万别这么干。我考虑到了每一个小细节，这个特技也就变得没那么危险了。我不想让自己受伤，如果我受伤了第二天就没法工作了。有人确实受了很严重的伤，但这也就是这项工作的特质。

比方说在英国大概有 250 个特技演员，可能其中的 50 个收入还不错。我还算是衣食无忧吧。每个人都想多挣些钱，但是，我觉得挺好。我也说不清自己的收入究竟是多少。如果 24000 英镑是平均收入水平的话，那我挣得比这个还多一些。我过去一年过得不错，去年一切顺利。但谁知道明天我会不会摔断腿呢……

特技演员的薪酬总在变化。如果我们一直待在拍摄现场不做什么事情，每天的工资还算不错：250 英镑、400 英镑、500 英镑左右，都是可以商量的。承担的特技越危险，我们收费越高。开工的时候挣钱很多，但我是给自己打工，所以如果不工作，一个子儿也拿不到。我坐在这里跟你谈话，目前还没有活儿找我。电话会来的，因为我总会接到工作的电话，工作可能马上就出现，但我不想这么着急，因为现在正在度假！因为是自立门户，上一次度假的时候，我接到一通电话，立即停止休假开车去了曼彻斯特，加入《火星生活》（*Life on Mars*）的特技工作。拍摄完成之后再赶回来度假。但《火星生活》是我想参与的一部电视剧。这部剧很了不起。这是其中一部电视剧，人们说：“现在没有什么可看的电视剧了！”然后你说：“《火星生活》。”他们会说：“噢，是啊，《火星生活》除外。”这是一部非常优秀，真正高质量的电视剧。

我喜欢挣更多的钱！但我现在的生活状态是为享受工作而活，工作不再仅仅是为了谋生。我喜欢这一行，我愿意继续做下去，我喜欢人们为我的特技买单，我喜欢工作的方方面面。没错，我挣了不少钱，但也受了好些重伤。我每天的工作都很快乐，早晨醒来，我总是面带微笑，因为又要开始工作了。

第十一章
享　受

唐尼·贝克：

“花掉它。在人生途中我们同时也被死亡裹挟。”

采访过程中很多人在谈到金钱的时候，都不约而同地提到死亡，这是我之前没想到的。按理说一名送葬者对死亡的理解应该比寻常人要深：是否也意味着他们对金钱的理解也会更多呢？我想知道一位送葬者——同样，归根结底也是一名商人——对于金钱有怎样的看法。下葬究竟要花多少钱？即使在生命终结的时候，我们仍然有待付的账单。似乎每个人都需要钱，即使是在走向死亡的时候。现在我没有想过为我的葬礼买单，或者至少在采访唐尼之前还没有这样的念头。

唐尼刚开始正襟危坐——但同样也表现得亲切友好。随着采访的深入，他放下了自己的一些戒备。他很有幽默感。我们坐在他殡仪馆黄色办公室里陈旧的木制座椅上。他背后墙上挂着家人的黑白照片。一个穿着黑色西装红着眼眶的男人敲响办公室门的时候，我们的采访也就此结束。唐尼又要操办下一场葬礼了。

把你的外套拿下来吧，不用拘束。我们的殡仪馆已经在这里经营近百年了。那边是弗雷德里克·乔治·贝克家居商场，那把椅子就是从那儿买的。他是我的曾祖父，他的女儿也就是我祖母从他手里接管了这家企业——也就是那位女士——之后是她儿子，我父亲继承了产业。现在由我和我的兄弟负责管理。我的两个儿子都在企业里工作。这是一个家族企业——毫无疑问，一直都是。我们打小就在这里生活，被它围绕，从学校毕业之后加入家族企业也成了自然而然的选择。我祖父制作了你坐着的周围摆放的那些棺材，这里就是工作室。

举办一场葬礼的平均费用大约是2300英镑——这是包括火化在内的全部费用。下葬费取决于选择的公墓。如果葬在本地的公墓，位于东芬奇利（East Finchley）的伊斯灵顿（Islington）和圣潘克拉斯（St Pancras）的公墓，墓穴的起价是1600英镑，之后价格在此基础上增加——因为可以选择整个墓园中你看中的位置——路边墓穴的价格是2500英镑或者3500英镑。葬在西海格特公墓（Highgate cemetery）费用是20000英镑。是啊是啊。总有人来问："我们能不能选在西海格特公墓？"我们自然会说："那片公墓非常贵，卡尔·马克思（Karl Marx）就葬在那儿。墓穴起价是6000英镑。"葬礼仍然或多或少标志着社会地位，即使他们已经不在人世。就好像开一辆车，你开的是保时捷还是福特。我想要一辆保时捷，葬礼自然也要体面。

你要不要看看棺材的价目表？3000英镑的棺材是我们用得最多的。不同身材的尸体，棺材型号也不同。一旦家人从这里离开，我们就开始工作，给医院打电话，告诉他们我们承接了史密斯家庭的业务。当尸体从病房送到太平间，医院会丈量他们的身材，测量身高和身宽，告诉我们尺码。他们会说："他是个身材魁梧的人，六点二英尺高，胸围二十四，体重十五、二十英石。"体型越大的人价格也该随之上调，但我们很少这样做。

我们制作经济型的棺材：柳木的、竹制的、藤编的。它们的价格是445英镑，人们常常选用这类棺材火化。你可以选择各种价位的棺材。你来看看。美式棺材，"圣母怜子"，棺盖上印着《最后的晚餐》，价格高达12000英镑。圣母怜子棺材是用来土葬的。这是一个侯爵棺材，价格12000英镑。他们选了一副镀金的棺材，价格25000英镑。谁来买这个单？完全是浪费钱。除非你手头有这么多钱，也付得起这个钱。在我们葬礼上花钱最多的一个人掏了30000英镑。他就是跟我们一样普普通通的人，但我估计很多年前他中了彩票。那是他父亲的葬礼，他不停地花钱、花钱、花钱。墓穴是25000英镑，是在伦敦城公墓里的一个砖砌墓穴。不是我们提供的其他服务，主要是墓穴花掉了他最多的一笔钱。这些钱都进了政务会。

这是什么？这是一张马车的照片。这种葬礼最近越来越流行。我们一个月可能举办两次或三次这样的葬礼，可能有四次。几周前一个星期内三场葬礼中就有一场是马车来做的。一家伦敦东区的公司专门提供马车：T.C.克里布和儿子们的丧葬公司。他们是和我们一样的家族企业，但他们开发了跟马相关的副业。他们开价不到1000英镑。人们看到了，非常中意，心想："嗯，好吧，我们就选这种葬礼，他生前喜欢马"，或是"她生前喜欢马"。年轻人的葬礼往往选取白色的马和灵柩。我们操办过好几场这样的葬礼。有些人在墓地放飞鸽子，这些鸽子会飞回它们原先的主人那里。放几只鸽子得150英镑。爵士乐队。新奥尔良爵士乐队。这支乐队，五个或六个人，会到达现场，穿上他们的乐队服，走在灵柩前面演奏音乐。之后他们会跳上车飞往火葬场，在那里开始表演。900英镑、1000英镑。要求这么做的是一个黑人家庭，非洲人，加勒比人："我需要一支爵士乐队。他生前喜欢他们的爵士乐，所以我们打算请一支乐队。"

去世的主要是老年人。少数人年岁过百，不多。我往棺材里看，当看到躺在那儿的是101岁、102岁的老人，这样的场景会让我印象深刻——如此高寿的老人大多是女性——我试着去想象他们经历了怎样的人生。大部分逝者都是70岁左右的老人。显然生命的周期会带领着你来到70多岁。如果我们能够活到75岁，大部分人应当感到幸运。我们都认为自己可以活到80岁或85岁，但假如你看看我们的记录册，可能平均寿命也就是在70岁、75岁左右。女性的寿命更长。我们埋葬的往生者中男性居多。我可能得哪天翻阅所有记录册确认一下，但我还是会说男性占多数。老爷子们更爱抽烟喝酒。跟女人比起来也不太爱惜自己的身体。也有可能我们男人都很懒吧。我的妻子成天到处飞，我估摸她得活到90岁。但我就不行了，能活到70岁就算幸运啦。一般的程序是四十来岁的中年人为他们年迈的父母送葬。这是一种模式。这些送葬者也都做好了准备。他们已经有了自己的生活，而父亲母亲可能是个累赘。我们也碰到过有些人，说："噢，我真高兴她走了！她都快把我逼疯了！这个老巫婆。"他们有啥说啥："谢天谢地，成天来来回回地跑老人院真是要了我老命。"

丧葬行业基本上没有面临过萧条。显然，你必须确保别人确实有钱办这场葬礼。如果他们真的没钱，你就把他们送回政务会，政务会会安排他们的丧事。也有一些简短的葬礼，在一个普通的墓地火化或是下葬。谁是最贫困的人呢？领救济金的人，或是孤独地死在公寓某处的人，或是兀然倒在街头的人，身边没有一个亲人。这样的人通常是老人，但也有中青年人，跟家里人断绝了关系、离家出走、酗酒、吸毒或是如此种种。当我跟人们提到葬礼的费用，可以立即判断出他们是怎么样的人。他们可能会转移视线，我想："这些钱可不算多的。"然后说："在葬礼之前需要预先支付 1500 英镑。"以前我们在葬礼前通常不收钱，但现在要收费了。他们马上会说："我们很难筹到这么多钱。"好吧，如果在葬礼之前就筹不到钱，更别提葬礼之后了。一旦葬礼结束了，这可不像电视机、三件套或是私家车，你可以再去找他们要钱。结束了就结束了，什么都没了。有时候父亲过世了，父亲或许有一笔小额保险，他们手头有一张可兑现支票，大概能够支付整个葬礼的费用，但他们不会把支票的钱给我们，而是一走了之，告诉我们他们没钱买单。这样的事情发生过。我怎么知道一个人有没有诚信？经验。你马上就能判断出来。我们有几次被人骗过，但多年以来，我们已经能够敏锐地判断什么时候该提，什么时候不该提钱的事儿，什么时候你得要求他们提前付款。

我的银行经理会问我："你明年的打算是什么？"这怎么打算？好吧，你能提前告诉我谁会去见上帝吗？我们一星期平均举办 10 到 12 场葬礼，大概是这个数，但也有可能多达 15 场、20 场，一天 4 到 5 场葬礼已经让人疲于奔命了。我们的业务量一般来说是这个数，但也有可能爆发流感，情况就失去控制了。12 年前曾经发生过这样的事情。冬天的时候葬礼比较多，从 10 月份开始一直到圣诞节、1 月份、2 月份，数目会——而且应该会——一路上升。天气变得不太好，老年人就开始出现胸腔范围的问题和支气管炎。

流感夺走了很多老人的性命。感冒，任何老年人胸腔范围出现的病症，就是这些。这些疾病让很多人丧失性命。夺走大多数人生命的是癌症，某种类型的癌症。很少人能够在床上寿终正寝。

孩子的葬礼——谢天谢地这种葬礼为数不多。做这一行或许最让人难过的时候，就是当你接起电话，电话那头说他们刚刚失去了一个孩子，因为你怎么能够……从我们这方面来说需要问某些特定的问题。嗯，我一开口问："土葬还是火化呢？"他们的眼泪就流下来了。他们伤心欲绝。尤其是6岁或是7岁的孩子。这种年岁的孩子患上癌症更可怕，他们心里清楚发生了什么事情。他们往往患的是白血病或是某种癌症。一岁或两岁的小孩，或者是小婴儿，最多五六岁。非常难。非常难。你还不得不去他们家里，把孩子从家里带走是很艰难的事情……带走那个孩子。太真实了。

经济萧条的时候可能一些人会自杀身亡——在接下来大概六个月时间吧。自杀率可能会上升。他们或许在伦敦城工作，有些人，在地下煤窖的横梁上上吊结束生命。这种事常有发生。男人，做着大生意、挣着大钱的男人、过去大概一年时间里发生了一些不如意的事，再也承受不了，就自我了结了。因为碰到财政危机给自己注射超剂量药物。其实也不难理解。如果你住着大房子，开着豪车，腰缠万贯，突然之间巴克莱银行说："非常抱歉，我们不需要你了。"丰厚的薪水一去不复返。孩子还在私立学校上学。平白无故上哪儿挣钱去？钱要了他们的命。

我们过去也做验尸官搬移尸体的工作。那是当有人在家中过世的时候。邻居们再没见到过史密斯夫人了，他们会打电话给警察，警察不得不破门而入，史密斯夫人被发现死在角落里或是马桶上。之后警察必须搜查整个公寓，我当时也在公寓现场，他们把装满密封工资袋的饼干罐打开，里面塞满了钱。他们一分钱也没花。成千上万英镑，数十万英镑。他们在公寓里过得凄凉悲惨。门背后是成堆的嘉士伯和喜力啤酒罐，我们得用力将门推开。他们就坐在铺着亚麻油地毡的房间里，角落里放着一个小型取暖器。警察发现在他们的床底下塞着 10 万英镑。他们把所有的钱都存起来，一点儿都没花，一分都没用，在一室一厅的房子里过着悲惨的日子。这种事也不少见。

我们也见过鳄鱼的眼泪——如果在世者对死者付出不够而感到内心有愧，所以："我们要花钱、花钱。我们想要这个，我们想要那个。"很少有人非常诚恳，说："我真的很爱他，我深深爱着这个人。"有的时候我们会碰到这种不可理喻的事情："他是个混蛋所以我们一分钱也不给。"很可能前妻会这么说："他离开了我，开始酗酒，过去 30 年他都是个混蛋，但我还是得把他埋了，所以我们会办个葬礼，但不打算搞太大阵仗，我们星期五十点钟在火葬场跟你们碰头，办一个简短的仪式，一切就此结束。"他们不会为葬礼花什么钱。但 80% 会是普通的家庭："他七十了"，或者"她八十了"。大部分人都能接受这个时刻的到来，会说："好，我们会去做该做的事，贝克先生，我们要有灵柩、灵车、精致的棺材，给我找个不错的牧师，我还想要音乐。"然后就是这样，以真诚的方式在完美的葬礼上送走一个人。

死亡教会我们关于金钱的什么事情呢？去花钱吧，真的。"我们应不应该买那辆车？""不，我们买不起。"该死的，买吧！就掏钱买下来吧。当然你不要过得入不敷出，但假如你有钱，就花。钱是带不走的。享受人生，享受金钱。有些存款是理所当然的。

但不必存太多。享受你所有的东西，走出去，放胆去做。花掉它。在人生途中我们同时也被死亡裹挟。你看到有些人想把他们所有的钱都花掉。被诊断为某种绝症之后他们就开始周游世界。他们背着包出发，把每一个子儿都花掉。这就是我会做，很可能会做的事情。是的。绝对可能。给你自己买辆保时捷吧！在地球表面飞个几趟。做一次环球航行。可以肯定的是我一定不会坐着等死。

我说过大部分人都是在 70 岁左右去世，而你在 50 岁的时候感觉 70 岁还很遥远。时间转瞬即逝。你有没有注意到岁月飞逝？你多大了？记住这次谈话。当五十大寿来临的时候我确信你会想："这 9 年过得太快了。"记住你 50 岁的生日，记住这次谈话：你会想，他是对的，一切都过得太快了。上周我刚过了 53 岁的生日，光阴似箭。我在想："又是一年过去了！"

你是否知道自己现在在忙些什么，什么时候离开？你可以选择在任何地方下葬，依据不同的地点花销也不一样。威尔士？跟伦敦比起来那里的价格合理得多，800 英镑，大概是这个数，不用花费 1600 英镑。离伦敦越远价格越合理。我们可以把你带到那儿，举办仪式，给你办一场葬礼。很多年前我们在圣·大卫教堂办了一场葬礼。仪式是在这里做的，之后我们驱车前往圣·大卫（St. David），家人跟着我们去了。花了一整天的时间。九点在伦敦弥撒，十点结束，我们离开教堂，在高速上开着灵车和豪华轿车。我们在服务站停下来喝茶、咖啡。在酒吧歇脚，喝一品脱酒。你可以去任何你想去的地方。你也可以在这里请一位牧师，给当地教堂打电话，说："神父，我们正在路上，我们想在墓穴旁请一位牧师。"他说："好的，我会来，我跟你们在墓穴旁碰头。给他几英镑就可以了。”如果你想的话可以提前买好墓穴。你也可以去威尔士走一趟，到处看看，有没有不错的小墓穴。

不好意思，温蒂……我得接待这位先生了……你还好吗？我们去哪儿？哪个火葬场？东芬奇利？

第十二章
牺牲

宝拉·库伯：

有人说：“你宁愿对着钱也不对着自己的孩子。”但不是这么回事，不是的。

我的孩子是否属于英国17%在贫困中成长的孩子？我发现这是一个令人痛苦的问题。目前英国有230万儿童生活在贫困之中，一周家庭收入低于250英镑。我可以找一份工作，但年幼的孩子谁来管呢？他才3岁。我带他去过一次托管中心：他哭个不停。我还得给工作人员付托管费。如果我挣着6.31英镑的最低时薪，托管费一小时就得花掉6英镑。一星期把孩子放在一个兼职托管所25小时，平均幼托费就得超过100英镑，如果在伦敦这个价格还得翻倍。在我儿子进入小学（小学能帮我看管孩子）之前，我都得为托管孩子花钱。

既要做一个年幼孩子的父母还得兼顾工作并不容易，但很多很多母亲都身处这样的境地，因为抚养孩子得花不少钱。根据经济商业研究中心（*Centre for Economics and Business Research*）的统计，在英国，从出生到21岁生日，养育一个孩子需要花费218000英镑。接受国家教育需要花费71780英镑。21年孩子的伙食费总共18669英镑、零花钱4337英镑、幼托62099英镑。我希望这是个错误的统计。因为我有一个孩子，自己却没有218000英镑供他开销。但我仍然希望能够满足儿子的需求。

我跟宝拉交谈，想了解她如何抚养自己的孩子。宝拉坐在我沙发的边缘，优雅地品尝着一小碗烤苹果酥。整个过程中只偶尔发出勺子轻触瓷碗的脆响。“我喜欢这些酥点，我一直都在找这么好吃的食物。谢谢你！”她说。宝拉是个身材高大、模样迷人的女士。她的头发做成了夸张的非洲式发型。她的样子叫人过目难忘，笑容和蔼可亲。

坦白说，这感觉根本不像是一份工作，更像是我自己的家庭。我跟伊莎贝拉在一起五年半了。工作状态一直很稳定，一切都如我所愿。现在我准备离开了。所以伊莎贝拉又怀上了孩子是件好事。真的很好。

怀孕之前，伊莎贝拉问我，我打算什么时候回家。我说："大概再过个一年半载吧。""那么，"她说，"我和朱利安最好开始尝试造人了，因为我们要在你离开之前再生一个孩子。"她的话让你觉得他们非常需要你。在他们不在家的空当，我去那儿住了三四个星期。他们真是非常好的雇主，我不敢相信自己能如此幸运。很幸运，就是这样。

带孩子是份很好的工作，因为我在牙买加有四个孩子。由于离开自己的孩子已经很长时间，所以即便不是我的孩子，我觉得跟孩子在一起也是最完美的。我爱他们吗？天哪！当然了！坦白说，我爱他们就像是我亲生的一样。我也不知道我真的准备走的时候要怎么离开。天哪！抱歉。真是难以想象。对不起，温蒂……对不起！天哪！我的意思是，我是真的爱他们。他们就像我生命的一部分一样。

度假的时候伊莎贝拉见过我的孩子，很美好的回忆。她有很多我孩子的照片，这些照片都是她照的，她把其中一些给了我，还有一些存在她的电脑上。我最大的孩子 15 岁，快满 16 岁了。他已经不是个孩子了，个头现在比我还要高！我想："我回去的时候他应该不必抬头看我，而是我得抬头看他了！"第二个孩子 13 岁。第三个……最后一个是个女孩——完美！是啊，一个大家庭。他们跟父亲生活在一起。我每天都跟他们讲电话。有时候我一个月的电话费得要 230 或是 250 英镑。有的时候我拿起电话——

你知道感觉像是——“我必须得跟他们说说话。”我没有买电话卡，而是直接拨号，很贵，但也很值得。每天我都在电话上辅导他们的功课，真的。我做每件事就像是我在他们身边一样，只不过不是我本人站在那里，是啊，是啊。

我来这里已经8年了——七年半快八年。女儿两岁的时候我就离开了她。当时我姑姑在伦敦，所以我过来旅游，只不过打算来拜访一下她……之后我看到犯罪法课程的申请……我在伦敦花了3年研习这门课程。我渴望成为一名律师，因为这是我一直以来喜爱的职业，要么做个律师要么就做个会计，因为我一直对数学很擅长。是啊，我一直都很喜欢法律以及此类的东西。我喜欢看电视上的法律节目。我常常问我的朋友：“如果我想进入这行你会不会觉得我很古怪？比如想去破案？”我真的不喜欢犯罪案件，但我喜欢侦破它们。很怪，对吧？我在托特纳姆（Tottenham）的大学学习法律课程。因为我并非该校的学生，还得支付3000英镑的借读费。我以前做过电话销售，之后我在这家工厂打包CD。我刚来的时候只能打扫办公室，靠这个挣钱。现在我的生活已经改头换面。是的。那份工作我做了3年，但实在是入不敷出，之后我放弃了兼职工作，开始全职做保姆挣钱，这样才足够抚养我的孩子们，在牙买加的生活实属不易。

我很好，过得不错。我可能不时有些情绪化，但其实没什么问题。我感到自己很幸运。在牙买加我过去曾想：“如果我有朝一日能去美国或英国生活就好了，那儿的人应该不会像我们这么穷。”但坦白说，贫穷无处不在！这么富裕的国家依然无法扫除贫困真叫人难以置信！我过去以为在伦敦生活很容易。我那时脑子在想什么啊？真是太天真了。我来到这儿，每天必须起床辛辛苦苦地工作，冬天里天寒地冻，我想："噢，我真想待在床上！"但是我必须得起床工作。在牙买加——嘭——直到阳光照在身上，我才不得不醒过来。我学到的东西很多，数不胜数。我学到了更加感激别人，金钱，很多事物，因为它们是你辛辛苦苦换来的：在牙买加我把这些都当作理所当然，只知道挥霍不知道存钱。而现在，一点小事物我也会感激。我就是感激。我感激它们。

我在牙买加的房子基本上完工了，这很好。这样我的孩子们可以有他们自己的房间，4个孩子都有。如果我的老板去牙买加，我的房子里能有很多空间供他们住。这些都是我辛勤劳动换来的。我每个月都寄钱给我姐妹。目前我的孩子住在我妈妈的房子里——我的两个姐妹都住在那儿，除此之外还有两兄弟，所以空间不太宽裕。但那幢我跟我姐妹一起盖的房子是两层楼的，一层已经完工了。我们打算开始修建顶部，希望今年年底能够完成。我唯一要做的是买好家具放在房子里，还有一些需要固定的装置。会花掉我一大笔钱，但我至少知道已经完成了。我可以这样去做，一点一点地去做。

我的天哪！建一幢房子花的钱实在太多了。在牙买加得要超过1000万牙买加元，相当于10万英镑。这也不算糟，因为10万英镑可不够我在伦敦买那么大一幢房子，差别还是蛮大的。因为我姐妹是银行的经理，我们从这家银行借了款，之后每个月按时还款。仅仅照看孩子我可以一个月挣五六百英镑——这是在我1700或1800英镑正常工资以外的收入。有时候到了周末，姑姑和我会对我的老板说："把孩子放在我们公寓，你们去放个假吧。"无偿打工。不过，这只是有时候。这周末到了我得一整个周末照看孩子，因为孩子的父母去法国了。他们从每天我任何开始工作的时间开始计费，直到晚上12点，所以我挣得很多，大概400英镑一个周末。很赚。

别人给我的酬劳是现金支付，我直接存入银行里。收入不错的那个月，我可以挣2000、2300、2400、2500英镑，从中我会寄800英镑回牙买加。其余的钱用来交房租——我现在跟姑姑一起住，很划算，但我们还是得付房租，我跟姑姑平摊房租和账单。我也会购物——买衣服，我会给孩子置办服装。但是大部分情况下我会等着商场打折，因为我有4个孩子，买衣服得花不少钱。我不算有钱，因为我的生活也是捉襟见肘。

我不能在假期的时候回牙买加，因为我的护照被扣留了。他们可以把护照还给我，但上面没有盖章，我因此会成为非法居留人员，被遣送回国，前功尽弃。我已经克服了很多困难，差不多就快成功了，还是耐心等待好了。这很不容易，你知道，不能跟你的孩子相见，太难了，温蒂。没有什么语言能够描述我的感受。有的时候我会在晚上流泪，你知道，把一切都宣泄出来。没有什么能够弥补我错过的岁月，没有。但是我的孩子们终将过上比我更好的生活，拥有一幢漂亮的房子。这很好。所以也不是说我过得很糟。我母亲生育了我们8个孩子，太不容易了，在牙买加抚养八个孩子。

回牙买加的时候我会有一幢房子，我打算买一辆的士车，有人会找我租车，用来接送乘客，每个星期付给我一些费用。也许我还会试着成立一家公司，销售服装或之类的产品。我会做一些自由职业的会计工作。拥有一个不同的人生。不能说我将会是牙买加的富人，但也能算得上是中产阶级吧。是啊，因为结婚的时候想要再添一个孩子，一个女儿，我过去曾想，如果生不了女儿的话我可能会去一家收容所，收养一个苦命的孩子。我从这个国家获得了很多东西，我想去分享它们，在我回到家乡的时候回馈一些给社会，试着去提供一些帮助。我也会照看我的母亲——支付她的医疗费用——因为她有糖尿病，已经双目失明，而且失去了双腿。假如我母亲去医院住两个星期，开销就很大，可能 300 英镑，也就是 40000 牙买加元。

我母亲在我身上花了很多钱。我姐姐接受了跟我一样良好的教育，之后在银行找到了一份工作。如果你在牙买加的银行工作，就算得上是人上人了。所以我妈妈对我也有同样的期待，但我不想步我姐姐的后尘。我就是我。我想做我喜欢做的事情。但是，你知道，刚从学校毕业我就怀孕了……这事我并不后悔。我怀孕了，年仅 18 岁。生下第一个孩子之后我在牙买加的酒吧工作，做收银员。工作期间我再度怀孕，不得不辞职离开。那是我走出校门，来这里生活之前的唯一一份工作。我真希望妈妈能够看到我现在的样子。她知道我的现状，但是无法亲眼看到，因为她已经失明。我从来没觉得她为我感到过骄傲。我总是感觉我让她失望，因为她对我期望太高。我妈妈帮我抚养了我的第一个孩子，但没有养育过我。她把我的第一个孩子从我身边带走了。这很不好。13 年前我父亲奄奄一息躺在病床上的时候说："他"——我的儿子——"根本不该离开这幢房子。"这使得事情更加糟糕，因为那时我儿子才两岁。我母亲是个控制欲旺盛的人，是的。

我儿子长大了，他现在能够理解了。他很好。3 岁的时候他的父亲也去世了。他在美国丧命，遭遇抢劫。是啊，这就是那帮家伙干的好事。他们抢走了我儿子父亲的很多钱。他当时在美国工作，打算……好吧……我不想美化他，编一些谎话。其实他根本就没有工作，而且染上了毒品。一旦你对毒品上了瘾，只有两条路：要么把自己的小命玩儿完，要么就得去蹲监狱。他赚了不少钱——打算戒掉毒品，回家，开始新生活。应该是有人知道他身上带了很多钱。他真的有一大笔钱在身上，因为他打算回牙买加做一门生意。可能有数千美元吧，在牙买加值好几百万呢。我不是很清楚具体的数目，因为我也没问过那个家庭究竟有多少钱，但确实很多。他们抢劫了他，还要了他的命，可能因为他们知道钱就在房子里。他当时跟女朋友在一起，女朋友也中了枪，但最后活了下来。这事就发生在纽约的某个地方。是啊是啊，两个孩子因此失去了父亲，因为他还有一个女儿。是啊。

我其他 3 个孩子的父亲，他真的很了不起。我的大儿子把他当作自己的父亲，因为他抚养了我儿子，怀上大儿子之前我在跟这个男人交往——我实际上，怎么说呢，出轨了。挺惭愧的。我有了外遇，怀上了孩子，孩子的父亲说："是的，没关系，我爱你，我们复合吧。"我 15 岁就跟他在一起了，所以加起来有 17 年了。天哪，都这么长时间了！真希望我们会结婚。天哪我真想他。我真的想他。真的。他是一个真正的绅士，万里挑一。在牙买加很少有男人，明知道孩子妈不在，还能耐得住性子待在家里照看 4 个孩子。其他的男人会四处偷腥、寻欢作乐，但他不会，他最看重孩子。最开始的时候他也不太开心，希望我能回牙买加。但他现在看到我已经做到了——终于有人为我感到骄傲了！他为我自豪和开心。他以各种方式帮助我，他在做一名水管工。他工作的时候也在帮忙还银行贷款。至少有人为我感到开心了，我父亲虽然已经离开我了，但我知道他如果在也会为我开心的。

我觉得我的大儿子很懂得感恩。还有我第二个孩子。但是 7

岁和9岁的那两个孩子，我不太确定是否他们抱有感激，因为我离开的时候他们还太小。我感觉他们成长过程中得到了所有想要的东西，他们以为这是生活的常态。但并不是这样，是因为我做出牺牲待在这里他们才能拥有这一切。长时间见不到孩子是一种牺牲。是的。没错。有人说："你宁愿对着钱也不对着自己的孩子。"但不是这么回事，不是的。你有四个孩子，在牙买加生活举步维艰。世上没有什么东西是免费的。

我在电话上辅导他们做功课，因为我仍然想参与他们的成长。同样的，与他们分隔两地，我不希望他们想："噢，妈妈只是一个给我寄钱，寄衣服，我们想要什么就买什么的人。"我希望他们能够跟我聊聊天，即便我不在那里，也能让他们感到有任何问题都能来找我。我希望知道他们生活里正在发生些什么事情。他们有什么感想？学校里有什么新闻？他们放学回家，我必须打电话过去："你今天在学校怎么样？"就像在这里我跟孩子的日常对话一样，所以我相信他们……好吧，我希望一切都如我所愿。

我感到跟他们非常地亲近，特别地亲近。嗯，好吧，我觉得他们跟父亲更亲近，因为他一直在身边。我们一直有争执，因为我觉得一般来说都是父亲赚钱养家。我过去常想："为什么一定是我？你可以见到他们，你看得到他们哭泣，看得到他们欢笑，你可以见证他们的一切，而我得到了什么？我得到的是电话另一头的一个人说：'妈妈我要这个！我要那个！'"因为这个原因我有些恨他。有时候，有时候我会把怨气发泄到他身上。他应该是那个在外奔波劳碌的人。为什么他能够见证孩子的成长？他们的生日、他们的聚会、他们的眼泪、他们烦恼的事情，他们的感受是什么……他们只能打电话告诉我这些，而孩子的父亲却能看到——表情、所有的一切。我什么也没有。

根本没有人逼着我待在这里。我自己在逼我自己，因为我希望能看到自己做到一些事情，然后回家，感到如释重负，心情舒畅，说："我已经搞定所有事情了，接下来我可以放松休息6个月或是一年，跟我的孩子待在一起。"所以我想是我自己在给自己施加压力。因为孩子父亲会说："今天就回家吧。"而我说："回家为了什么？指望你经常工作挣钱吗？"我这么说不太公平，因为他在家照看着我的孩子。但是我离回家只剩一年半了，我已经做到了很多，为什么不把它们做完呢？我不知道人们会不会认为我是个不称职的妈妈，因为在陪着孩子和工作挣钱之间我选择了后者，但并不是这样。你得为我设身处地想一想……有时候我苛刻地审视自己，想："你挣的钱价值超过了你跟孩子在一起的时光吗？"但不是这样的。

只有为了孩子们辛苦工作，他们才能过上更好的生活。有些人想法不同，但是……我在做带孩子的工作。虽然见不到我自己的孩子，我已经是其他家庭的一份子，我对待他们的孩子就像对待自己的孩子一样，一模一样。这么长的时间见不到孩子，的确让人越来越难受，但能去照顾别人的孩子让我感到些许安慰。保姆终归是保姆，我不会去批判保姆，也不会说他们都是好人或都是坏人。对于这份工作该怎么做，不同的保姆有不同的看法。但是对于那些我照看的孩子，我跟他们难舍难分，真是很难相信。有时候我跟保姆们聊天，他们说："你为什么对他们这么依恋，投入这么多感情？"我只是想："也许因为我是个母亲。"我跟雅各布之间就很有感情，有时候我会没有缘由地抱抱他。我说："雅各布，过来。"他说："什么事？"我说："我就想抱抱你。"他是个了不起的小男生。想想我要离开了，由另一个人来照看他……我想……我不该这么想……他们不是我的孩子。我从没提过这事，但我想："天哪，他们要换一个新保姆了。他们会不会像我一样贴心温柔呢？"这让我忧心忡忡。这很正常，对吗？我在乎。这就是我。这是我的为人。就是这种感觉——我不应该说他们是我的孩子，他们不是，但这是我的感觉，我觉得他们就像是我的孩子一样。像伊莎贝拉说的，孩子不能得到太多的爱。做一个母亲有很多方式。这就是我做母亲的方式。

我不能说日子比以前更艰难或更容易了，因为每一天都很重要。我女儿过去总是问我："你什么时候回来呢？"但她已经很久不这么问了。我总是回答："妈妈很快就回来了。"而她会说："你总说妈妈很快回来，你总这么说。"这让我觉得很伤心。但我会跟他们解释："妈妈在努力多挣些钱，把房子修好，这样你们都能开开心心的啦。"但我猜作为孩子他们看不到这些。他们可能只是想："但是我们需要你。"而不会考虑钱的事情。不过这一切马上就要结束了。我姑姑同样不能出境，因为她也没有合格的签证。英国内政部扣留了她的护照 11 年。所以她把两个孩子留在了牙买加。她 11 年没见到孩子了。现在她觉得一切都值得，因为她修了一幢漂亮的房子，她的妈妈——也就是我的祖母搬了进去。我也帮了忙。我觉得我可等不了那么久，11 年。我不会跟我姑姑继续待下去，不、不、不。我要回家。

那些每天见到我的人，他们想："你过得不错。"但是大部分时间我过得可不怎么样。我一直都这么想。我已经 35 岁了。经历了很多。是啊。如果我能这么说的话。为什么人生要如此艰难？天哪，我哭了，真蠢。我知道一切都会结束的，温蒂。我确信。

我必须得自己面对。你知道，人生在继续。我不希望人们这样评价我：“她待在伦敦是为了钱而不是孩子。”但我在这里的工作给孩子们带来了好处。我不是为了钱，不仅仅为了钱。我没想到在英格兰谋生如此困难。我年轻的时候，第一次来到这里，很天真。亲眼看到之前电视上见过的风景和事物，心里想：“噢，不错。”但只有你面对现实的时候，才知道生活的残酷，而且你也不知道自己能否足够强大生存下去。最重要的是孩子们还有父亲在身边陪伴。他们每天都跟我聊天，每一天，现在我能够看到他们了——嗯，通过网络视频。这让我好受了很多。

很快我们都能在一起了。首先要做的就是跟孩子们待在一起，我并不想成天无所事事。也许会去佛罗里达的迪士尼世界玩一次，就我们 5 个人。那里很近，大概两个小时的飞机，只是我跟孩子们出游一个或两个星期，住在一家别墅里。我问过知情的人，他们说可以买一张旅游套票，价格不贵。我和孩子，没有别人。他们的父亲也不去！就是我们！我只想和他们待在一起，只有我和我的孩子们。父亲已经有了全世界所有的时间。孩子是我的。我跟他就是这么说的：“他们是我的孩子，他们是我的。我带着他们出门九个月，你待在家。所以别告诉我该说什么该做什么。”父亲可以拒绝他们，而我不能。你知道的。

好好好，就快结束了。我甚至已经开始购物了，买了很多上了釉的壶和锅。因为我从来没自己独自生活过，所以也没有自己的家居用品。现在我即将拥有属于自己的厨房，完全是我的。我迫不及待。孩子放学回到家，妈妈在为他们烧饭。就像是我在这里做的事情。“哦，我要去接雅各布了。哦，我得做晚餐了。”这就是我最终在牙买加的生活状态，跟我的孩子在一起。“来吧，妈妈今晚不做饭，咱们出门打个牙祭吧。”这样的生活会非常温馨、美丽，就坐在那里看着他们的脸。“什么时候你会做这样的事了？你还是个婴儿的时候我就离开了……”我已经急不可待所以开始购物，买了很多床单和平底锅。我之前从没买过这些东西，嗯，买了一些，但不是放在我的家里。但是现在，生活是属于我的，我和我的孩子们。我们的。“妈妈你现在在做什么菜？”就是这些小事，我就快听到这样的对话了。

第十三章 显现

安·玛丽·伍德尔：

“如果你不再关注金钱，丰盛就进入了内心。”

也许我自己对于金钱的探究平淡无奇，缺乏想象。也许我应该了解一些新时代哲学（*New Age Philosophies*）的金钱观，也许可以运用一些思维技巧、金钱魔法（*money magic*）或是金钱肯定[1]创造财富。有很多书建议我选择造就精神的丰盛（*abundance*），内心认为自己是富有的。我能否运用什么隐形的力量增加银行存款，甚至让我成为百万富翁呢？

我曾经看过一个有关风水的建议，说是保持厕所盖盖上的状态可以阻止你的财运被冲进下水道里。我买了一小盆肉质植物——一种招财植物——放在我的风水招财角，不过就像我朋友说的："但财从哪儿招呢？"不论如何，我在做调查的时候应该更加严谨，多听听那些在运用这些神秘理财技巧方面有经验、有能力的人怎么说。

安·玛丽开着她深蓝色宝马在火车站门口接我，我们驱车前往她妈妈南海岸的房子，这是她在英国居住的地方。因为在泰国生活了一段时间，她的皮肤晒成了小麦色。她身穿背心裙和沙滩鞋。中途我们在一家小杂货店停下车，安·玛丽买了柠檬、菠萝、芒果和香蕉。在做访谈之前，她给我们做了一份水果沙拉，我们用大碗盛着品尝。

① money affirmation，帮助内心做好准备接纳金钱的灵修方式。

我是个什么人？我是一个治疗师。我出了一本书名字叫做《穿高跟鞋的治疗师》，但选这个名字仅仅因为它适合做书名。我也可以做一个助产士——一个新地球、新方式的助产士，帮助人们再度敞开自己，看到真相。我发现真的很难解释清楚我是做什么的！人们说："你们真的很棒。"但我甚至无法描述我的工作内容，因为有太多的东西混杂其中。我过去称自己为无与伦比的人生导师。因为我要达到的效果不是普普通通，而是非同寻常。而且奇迹曾经发生，我目睹了它们的发生，我在工作室里坐在那儿看着奇迹发生。

我叫安·玛丽·伍德尔，别人叫我高跟鞋治疗师，或者多金治疗师！北部。曼彻斯特。在这里生活了超过 11 年，我很少在一个地方生活这么长时间。混得还不错。我 14 岁的时候遇见一个男孩，17 岁时嫁给了他，同年生下了一个女儿。婚姻持续了大概五分钟，之后就成了单亲妈妈。我因此被人指戳，这也迫使我想把每件事都做到最好。我想要出人头地。我后来在曼彻斯特的保险公司上班。那些年办公室白领是个不错的职业。我在英国首个楼高 20 层的建筑里上班，很多女人在那儿工作，难免都会怀孕生孩子，所以我想："她们需要什么呢？"我想到了："婴儿服！"我从批发商那里入手了一批婴儿服，在休息时间倒手卖给在那儿工作的人。办公室工作挣的钱不多，所以后来我进了一家工厂，负责烟草公司的海外分部。我需要检验所有香烟所含的水分，确保出口一切顺利。我也在圣诞节买些礼物，卖给出口部的人。此外我还进了好多捆粉色、黄色和蓝色的棉布，以一码三先令的价格售出。通过卖东西给同事，我挣的钱总能超出工资水平。我总有法子挣钱，钱源源不断地到来。挣钱的门路总是有的。之后我有机会参与 BBC《这就是流行！》（It's a Knock Out!）的节目——我本来可以成为 20 个女孩中的一个去做销售主持，但我决定去《花花公子》，不想当主持人。我去伦敦的批发商那里，买下所有最时尚的服装，卖给伦敦和曼彻斯特赌场里的女孩子们。因为那儿的女孩很多，她们做赌场主持人也赚了不少钱。

之后我遇到了我的第二任丈夫，一个很可爱的男人，我们得到了一宗地产，把它修葺完善。我们过着优越的生活——买了两辆车，孩子在私立学校上学。但是赌场关门之后一切都在一夜之间成为泡影。我们失去了车子，失去了房子，不得不搬到出租屋里。我们去游戏酒馆[①]上班的时候母亲帮我带着孩子。我之前做赌场主持人大把大把地挣小费，那时候却开始想："我该怎么办呢？我又从头开始了，从萨利 (Surrey) 拥有四个独立房间的豪宅搬进了哈默史密斯（Hammersmith）酒馆里的一室一厅。这家酒馆又臭又烂，一星期花了 50 英镑学习入行，每天起早贪黑。"我们失去了一切，但仍然不离不弃——我昨天还想到了这个——当时我们经历了所有这些磨难但仍然彼此依靠。我们在游戏酒馆里做得很出色，马上就有了自己的酒馆和酒吧 、最新型的豪车以及所有最时尚的珠宝。我在吧台后面工作，在厨房里工作，有 26 个员工。我的戒指上还得镶上一颗钻石，所以我去钱柜拿出光秃秃的戒指看看，说："噢，这一切都值得。"我有奔驰运动型车和保时捷。之后又新添了一幢大房子。后来我离开了，那是在十三年以后了。

我知道自己再也不能过那样的生活了。满脑子都是钱钱钱，什么都要更大更好，想的都是信用卡，我想："我要的不止是这些。"

---

① 英国的有些酒馆里有各种酒馆游戏。

那个时候我开始寻求一些更加精神上的东西，不只是度假、钻石、豪车、豪宅。我想:“肯定不只是这些,肯定有超越它们的事物存在。”然后我离开了。就像电影《第二春》（*Shirley Valentine*）一样，我踏上一段去往加勒比的旅程，没有回来。旅程不长，12 个星期，根本不算久。我和丈夫已经决定离婚，但我们的生意十分兴隆。我知道如果离开，终将一无所有，我完全不知道自己要去干什么。回来的时候，他已经遇到另一个女人，而且女人怀了孕。这就让人感觉，很肤浅。

我感觉像是在 38 岁的年纪再度让自己回归自然。我开始关注灵性，关注佛教、唯心主义、塔罗牌和水晶球，寻找一些不同以往的东西。我参与了一个帮助自身了解的培训课程，由心灵大师恰克·史匹桑诺（Chuck Spezzano）主办——学费高得令人咋舌。这门课程非常了不起。在学习的过程中，我的人生发生了转变，课程变成了业务，我由此成了史匹桑诺的追随者。我的人生发生了天翻地覆的转变。最开始我没有掌握培训的精髓，偏离了主旨。我以为治疗可以是桩生意，我现在不这么看了。我认为治疗就是治疗，生意就是生意。如果你去做治疗，钱则会从其他的途径产生。我觉得自己似乎只是个渠道。如果我看到有人感到沮丧，我会不假思索、自然而然地去帮助他，我不会想“我有钱赚了”，而是“我很幸运能帮助他”。我同样也知道，做成了某件事，作为报答，其他的事情也会随之发生。

我四处工作：在马尔贝拉（Marbella）的沙滩上，在匹兹堡（Pittsburgh）的山间，在南非的小镇。我和我的朋友在加拿大的保留地对那里的部落开展治疗工作。在那里的工作非常不容易，蚊虫遍地，性侵犯和谋杀案频发。部落里发生了耸人听闻的事情，在那些日子里政府建立起了应对体制。我们去那里，跟参与寄宿学校工作的人们共事。我们分为好多个小组，有6人小组、20人小组、80人小组、100人小组、150人小组。我们在部落的层面开展工作。我感到自己的心轮（heart chakra）开始跳动。部落的族人感到很荣幸，在我们工作结束的时候为我们表演舞蹈，举办盛大的派对。我们在派对里身披羽毛，手握权杖，身着华服——每次我们完成工作，他们都全心全意地向我们表达敬意。我们曾经有一辆卡车，可以将所有的书和活动挂图都放在车的后部，然后出发去开展工作。从范库弗峰（Vancouver）一路开到阿拉斯加，穿过鱼峡谷（Fish Gorge）和所有的自留区。噢，美好的旅程。或者我们会乘坐内线航道的船抵达范库弗峰。那时候我们开着卡车，真不错。我们会把卡车开上船，很棒。而且当地居民爱我们。我们跟他们共同工作，非常有趣。断断续续地，我们与他们一起工作3年了。

我运作着一个叫做“百万富翁大脑奇迹大脑大碰撞”（*Millionaire Mind Meets Miracle Mind*）的工作室。这个工作室的内容有关对金钱的信仰。奇迹大脑链接着拥有（having）和显能（manifesting）。与奇迹大脑相关的是你所向往的任何形式的金钱，没所谓大奇迹或小奇迹，奇迹就是奇迹。奇迹大脑说：“发光出彩吧！”奇迹大脑说：“你想有多少钱就能有多少钱。”但是我们一部分的大脑会想：“不、不、不、不、你记得什么时候这样做过？假如有人发现了这个秘密怎么办？”奇迹大脑说：“你可以在任何你想要的地方生活，你可以在城市中心生活，很好！”但内心那个自我说：“你只能拥有这个或那个。”并不是想有什么就能有什么。奇迹大脑说：“是的，你两个都可以拥有：美好的关系和金钱，业务和人际关系，父亲和母亲。你可以有钱。”

在你大脑的眼里，你问，如果我要成功，得先得到谁的同意？不论是谁，让他们批准你。在你大脑的眼里，问问你一定得批准谁让他取得成功？如果你把人们都看作是成功的，你也能成功；如果你议论他人的是非，铆足了劲儿要阻挡别人，别人也会想方设法阻挡你。因为归根结底，我们看到的只是自己，只有我们在那儿，想："等等，为什么我希望他们那样？我希望他们一切顺利。"而且是真心实意的。人最大的问题就是不去学习接纳。我们总在不停地付出、付出、付出，而最难做到的就是去接受善意，接受回报。调整你的内心学会接纳。你想要的是什么？在一张表上列出你真正想要的是什么。你说："我想要这个。"但更多的情况下，你不会这么说。你回答这个问题并且说："我想要一段关系。"但问题在于："我真的需要一段关系吗？"大部分人其实对此都没有答案，他们想："我必须得这么做；我必须得去那儿；我必须得见他父母。"我们告诉这个世界一件事情，但是自己并不真的相信。关键在于搞清楚自己真正想要什么。

真正的丰盛在于弄清楚你究竟是个什么人，是什么让你成为这样的人，又是什么阻挡了你。我们最害怕的是人们什么都可以拥有，这恰恰成了阻碍。在匿名酒鬼会（Alcoholics Anonymous）人们说恐惧——F.E.A.R 四个字母意思就是让一切滚蛋然后跑掉。我相信你治疗得越多，接纳得也越多。如果我帮助一个人做一些内心的调整，完成了治疗，灵性也就开启了。我把手摊开朝向天堂，通过开启灵性说道："好，你想要什么。"就这样完成了治疗。这样的治疗方式可能跟他们预想的不太一样，但绝大部分情况下比原先想的要更好。

金钱和丰盛并非同种事物。很多年前，我刚开始在赌场上赚个盆满钵满的时候，就算清楚了房子值多少钱，车值多少钱，投资值多少钱。我必须放手，放手我的执念，让它变得流动。一旦你知道自己在流动中，也就减少了恐惧。我知道自己总能赚到钱，因为这是一种信念。

钱，只是能量。我们从没见过它，从不知道它是什么，它不过是从一个地方转移到另一个地方。它不再是银行里真实的纸币了。我最近在想这件事，因为有人想从我这里借一些钱，我必须得想一想，然后说："好。"因为它就是一张纸，别人可以用它做很多事情，我也知道总能够将它赚回来。我想，钱只是能量，完全是能量。

今天我去了商店，看见一只光彩夺目的钻石戒指。我试着将它戴上，想："真美，但我不需要它。"我试戴了两三分钟，想："太美了。"我本来可以把它买下来，但我不需要它。我只是欣赏它的美。你拿着它，抓住它的那一分钟，它似乎变成了一种液体，你再也无法永远地持有它。它就像是一次意念。享受它，这一分钟深入地享受，因为你无法永远拥有它，也根本不可能永远拥有它。它从那只手流出，又以这种方式流入，它来来又去去。如果你不再关注金钱，丰盛就进入了内心。这不关乎金钱，而在于将心足够打开面向存在……存在……嗯，切实的存在！去拥有那种无与伦比的旅程。如果全心向"钱"，你就无法拥有这次旅程，存在之旅。

当我看到人们过着平常的生活——呃、呃、呃、呃。这甚至都不算一个词：呃。对我而言这种生活是地狱。我也曾经生活在那个世界，那是一个让人麻木的世界。你其实是在出卖灵魂。有很多人可能喜欢这样的生活带来的安全感，但我只觉得生命在渐渐枯竭。我宁愿完全抽空四周的空气。你心里明白接下来的 25 年、

35年、40年，都得为了养老金重复做着同一份工作，这样年纪大了就能领一份养老金，而不愿意勇敢地迈出几步……我想："真是丢人。"当你看到那些"正确做事"的人，那些人故步自封，创造力缺失，不可能做内心的功课，不可能远行，因为他们总在对的时间做对的事。我觉得这是一种悲哀。这是房主的角色，而非真正的自我。努力想要抓紧一套大房子，想要留住它，这会要了你的命。所有的人在这套房子里通常看到的是燃气、电力、自来水、清洁机、维修、最新设备，如果你自己享受不了这房子，可以邀请其他人过来，你可以看着他们享受其中，因为你做不到。他们看似扮演着这样的角色："我做到了"，但是在内心他们并不觉得自己真的做到了。他们失去了感知，进入了自我封闭的状态，不得不吞下抗抑郁药才能沉沉睡去，或是吸食毒品，要么沉溺性爱，不论何种方式，只想要试着再次获得觉知。金钱束缚了你，它给你设下了陷阱，你被陷阱下了圈套，为财物迷了心窍。拥有一间大房子消耗了你大量的能量，那种生活方式同样也消耗着你，有些不太真实。我也曾经历过，我的人生曾经如此失真。我邀请人们来到我的房子参加宴会，不是为了请他们品尝美味的食物，也不是享受和他们在一起的时光，而是炫耀我最近买的新款靓车。那是20年以前了，我已经今时不同往日了。

银行家们得到了一切，但其实一无所有，两手空空。如果他们失去了房子，失去了工作，他们的人生也不复存在了。这座城市里充斥了太多恐惧。那些房子里装的满是贫穷。他们的人生只活在一个小房间里：家庭活动室，或是厨房 / 起居室 / 客厅。全天幼儿托管是一种贫穷。你有没有看过一则电视广告，里面的孩子说："爸爸，你被炒鱿鱼了！"因为父亲一直都忙于工作，所以孩子们把父母给炒了。虽然只是一则广告但非常真实。我曾经就是这样的父母，总在不停地工作工作，因为我不知道还能干什么。假如这些父母能够意识到该有多好，因为孩子的童年转瞬即逝，不好好把握跟孩子在一起的时间太愚蠢了。保姆啊，阿姨啊，清洁机啊都是累赘，你最终会被他们的东西包围。母亲开始嫉妒阿姨。贫困无所不在。他们越是富有，越是贫穷。因为我孩子上的学校，我也曾有这样的经历。我的孩子们过去嘲笑我说话的口音，我想："我还在一分钱不少地供着你们上学呢。"

我成长自一个非常贫穷的家庭，但是我父亲总有最新的装备，他总能领到奖金，母亲从来不需要工作。我妈妈很了不起，她有六个孩子，过去她每天都会给我们每个人五分钟，也就是一天半个小时，用这些时间来全心爱我们。我们六个孩子住在普通小复式楼里，但总能吃到美味的食物，买到最潮流的电子产品。我们总是那条街上过得最舒心的一家，那个街区很穷，但我们从不觉得自己穷。手头的钱似乎源源不绝。我们对钱有天分。我父亲是个显示者[①]。他的朋友去世了，留给他一笔财产，50万英镑。父亲很苦恼："我不需要他的任何东西！"他给我打电话说："马克思去世了，给我留下一幢房子。"我的第一个念头是："谢天谢地！"因为我一直以来挂心的都是："等父母老了我怎么照顾他们？"我当时一直认为这是我的责任。我从小到大都这么想。但这不是我的责任。我的责任不是把太阳托起来或把月亮拽下去。你的责任就是去享受，心存感激。

最后几个月我一直在调整自己，去泰国，治疗自己。这是我

① manifestor，人类图中五种人类型中的一种。

现在在做的事情，身体治疗。如果你的身体状态不佳了，那就忘掉金钱，忘掉丰盛：你的身体至高无上。多么了不起啊，当你照看自己的身体，每天早晨醒来，思维清晰，内心充满满足和快乐。即使你的银行账户有100万英镑的存款，你有时仍然会感到担忧，或者甚至是1000万、2000万英镑，忧虑依然存在，这无关乎金钱的多少。我有一天躺在泰国的沙滩上，心想："我到底是怎么做到的？能够生活在这儿不必担心钱的事儿。"我曾经做过地产开发，这是另一件我涉足过的事情。那些年的地产投资让我能够躺在沙滩上不必去挣钱。这个发现让我很意外。我在恰当的时间离开了房地产市场，把我的房子以超过其现在价值10万英镑的价格售出。我在南部海岸的沙滩边有两间公寓，明天就可以住进去。我想："我有一天会住在其中一间公寓，所以得把它们打造成最舒适的居所。"不论你在哪，一切都要做到最好，因为你不知道下一步会去哪里。那两间公寓现在值的钱不多，这是对产权长期的投资。

我在那里买了一辆宝马敞篷车。我喜欢我的车，因为当驾车从地点A到地点B，我想要坐在最舒服的座驾里——你可以明天就玩儿完，好好享受你的旅程吧。高跟鞋治疗师、多金治疗师可不能再悲催地步行啦！我总是相信："去拥有你能有的最好的东西。"就像坐飞机一样，我不会去坐头等舱，因为觉得是浪费钱。我想要一个舒适的座位，所以如果要好多个小时搭乘飞机的话，我会选择豪华经济舱。如果我的飞机坠毁，我想要在豪华座椅里坠毁！我想要体面地坠毁！这就是我的生活方式，这也是我一直以来的金钱观念。

每10年的时间我都会步入虚无的状态，不知道下面会发生什么。我有意识地这样去做，一开始我并不知道这是有意识的。今年我就这么做了：离开丈夫的时候我走入了虚无，卖掉萨利的房子我进入了虚无。这像是一个收拾混乱局面的过程。当我在保留区工作的时候，一年中会有一次，部落的酋长将他所有的东西扔掉，比如圣诞老人，之后人们会赠送他各种礼物，最终他又重获了新的能量，并且得以去创造更多能量。这个过程中人们要将生命中的事物移除，不要囤积和抓紧它们不放。这很可怕。每过完10年我会想："让我们重新洗牌吧。"我会从大局着眼。有的时候我会发现自己困在一个小局面里，这样对我和别人都没有好处。如果我开始小题大做，我会想："我在开什么玩笑？"天哪！我甚至有年轻的双足。很幸运，真的。我相信自己是幸运的，我确实很幸运。我相信该来的总会来，它们真的都来了。我相信任何要发生的事都是好的。我从来都没有计划。你要抛掉所有的计划。你怎么做会让上帝发笑？做计划。这也是为什么对我而言25年的抵押贷款是地狱！太多了。我根本没办法那样生活。只有持续的旅程让人感觉兴奋。

接下来会发生什么？我没有想法。这也是我卖掉房子的原因。我不再想去获得了，我想冒险，这也是我当前的道路。我打算去冒险。我可能会接到电话，酋长邀请我去加勒比，我会前往那里开展一些工作……我不知道，我在等待。这很令人兴奋。这只是一场旅程，一场很棒的旅行，无与伦比，我拥有一个妙不可言的人生。真的妙不可言！我不知道接下来会发生什么。在《夺宝奇兵》（*Raiders of the Lost Ark*）里他们说："走到桥上去！"他问："什么桥？"他们说："走到桥上去看看会怎样？"他把一只脚从礁石上放下来，桥就出现了，这也是我生命中此时此刻正发生的事情。

第十四章
收　藏

德里克·斯汤顿：

“人们通常不会把钱扔掉。”

有一次我正海外的一家商店门口排队，站在我前面的游客收到一张找零的钞票。他把钞票朝向灯光，仔细端详，说道："这张钞票我会放到墙上。"我问他什么意思，他说他收藏钱币。他把钱币装裱，挂在房子的各面墙上。这是我从没想过去做的事。我从没想过把钱当作一个收藏而不使用的物品、一件装饰品，而不把它花掉。人们收藏钱的方式跟他们收藏邮票和足球节目的方式一样。钱是一种什么东西？钱是怎么制作出来的？我尝试过采访一个参与过制作钱币的人，但徒然无功，皇家造币厂（*Royal Mint*）直截了当地拒绝了。我碰到的造币工人，可想而知，不想冒任何暴露身份姓名的风险。但是我找到了德里克·斯汤顿（化名），他将纸币卖给收藏纸币的人。

德里克在车站跟我碰面，随着他驱车深入苏格兰乡村地带，我们立即开始谈论起他的工作。当我们抵达德里克住宅的时候，我同他的妻子一起喝了杯茶，她的朋友则坐在暖房里聊天。采访在德里克楼上的家庭办公室里进行。在楼梯过渡平台的角落里放置着两个灰色的档案柜，德里克在里面保存着世界上每个国家钱币的样品。

我做的事情非常简单。我购买和出售世界各地的纸币。我面对的客户是纸币收藏者——他们收藏纸币的方式跟收藏邮票、明信片以及其他任何东西一样。如果我告诉人们我是做金钱生意的，他们会马上想象我是一个涉足大型金融转型的人或是为伦敦城银行工作的人。其实我只不过是转手可收藏的货品——旧的、废弃的纸币。有人因为别致的设计收藏纸币，大部分人都觉得纸币的设计很吸引人。除此之外也有人是为了历史价值收藏钱币。人们常常执迷于了解纸币的历史故事、来源以及相关银行的历史。人们收藏纸币的缘由千差万别，但绝对不是为了打算再把它们花出去。

我认为人们收藏钱和收藏任何东西的主要理由都一样，我把它归结于人的收藏本能吧。他们收藏各种奇奇怪怪的，根本想不到会有人收藏的东西。只有心理分析学家才能弄清楚为什么人们喜欢收藏，但肯定有人在做收藏。什么样的收藏者都有。你收藏过什么东西没？跟女人比起来，男人更喜欢收藏。收藏钱的主要是男性，我估计 95% 都是男性。他们来自各行各业，我觉得没办法依据阶级或是社会地位将他们进行划分。有的人很早就开始痴迷于收藏钱币，一直收藏了大半辈子。如果长期收藏钱币的话可以很赚钱。人们经常把它当作一种投资。但这是个很大的错误。如果只收藏五年钱币并没什么用处，希望它能挣钱基本不太可能；但假如你收藏 30 年钱币，就可能有赚钱的机会——我有天花 20000 英镑买下了一个收藏者的藏品。3 年前在伦敦有一批藏品出售，赚了 150 万英镑，之后这个家伙又继续开始收藏了。

我有很大一部分的客户都是老年人。显然，很多人老了之后身体都没那么灵便了，他们退休之后不一定能起床打高尔夫或做其他运动了，所以开始靠收藏消磨时间。他们往往不会花太多时间搞收藏，我这么说绝非瞧不起他们。为着稍许兴趣搞收藏的人往往是那些情非得已宅在家里的人，他们需要做些事情打发时间。他们会收藏各种各样的东西。你不需要花很多钱，可以只花很便宜的价格收藏许许多多的东西，可能都不值什么钱，但把它们分类整理可以带给你很多乐趣。现在这个年代如果你想要，可以上易趣买一大堆东西。易趣上可供收藏的宝贝数不胜数。

大部分市场充斥的都是相对平价藏品的收藏者。一个月花上20、30、40、50 英镑。他们不会每天、每星期都去搞收藏，但一个月可能有一次两次买一些藏品，把自己的收藏从档案柜里拿出来，看一看。你知道，如果外面正在下雨不方便出门的话，为什么不在家欣赏一下自己的藏品呢？你可以把收藏的钱币框起来，挂在墙上，但大部分人会放在钱币收藏簿里，就像集邮簿一样。现在钱币簿的每一页都是塑胶制的，上面有一个个透明口袋，你可以直接把钱塞进去。这是最好的收集钱币的方式。还有很多人，很奇怪的，收藏钱币但扔在那里不管。他们会给我下订单要求购买 10 英镑、15 英镑、20 英镑的钱币，不一定是高价的钱币，我会把钱币装在小塑料信封里，放几张纸板做支撑，然后寄给他们，他们似乎收到后就原封不动放在一边了。我不时地会买进一些藏品，这些作为藏品的钞票就如当初一样仍旧放在信封里。藏主从来没有以任何方式展示过它们，我觉得这太奇怪了，心想那干吗之前还要费事收藏钱币呢。

很多人像我一样是靠向收藏者出售纸币为生的。还有一些人的赚钱方式是去往世界各地，把纸币大批量地买下来，倒手卖给零售商。所以你可以通过零售商的渠道，也可以通过批发商的渠道购买钱币，这跟其他任何行业是一样的。我在全世界都有一个人脉网络向我供货。他们购买钱币纯粹是为了售给收藏者市场。除此之外他们往往还做着别的相关职业，比如航空公司的飞行员或是空姐，他们可能会飞去非洲各个地方，前往中心银行，买下一大批货币，确保不会触犯当地关于携带货币出境的法律法规，然后把钱币带回英国或其他欧洲国家，卖给收藏者市场。这是一门大生意。

如果从英国范围来看的话，我猜你会估计收藏者有数百人，可能甚至数千人。如果从世界的范围来看的话，至少也有几百万人。中国的收藏者层出不穷，人数众多，有数十万人。中国有些人收藏的是英币，但大部分人收藏的还是他们本国的旧币，种类繁多。钱币的种类和设计成千上万。实际上在英国使用的钱币设计就有几百种，但现在我们发行了新币，主要是因为之前的旧币已经被伪造了，英格兰银行设计出了更好的反伪币方法。从 19 世纪开始就已经出现了反伪币的方法，因为早期的苏格兰银行钱币肯定被伪造过。主要的反伪币方法就是利用全息图。其他则涉及到纸币的印刷技术的细节，当伪币制造者刚掌握旧币的印刷方法就立即发行一款设计全然不同的新币。这也是几年前我们发行印有亚当·斯密（Adam Smith）的 20 英镑新币的原因。我也不知道为什么这款新币比其他纸币更能防伪，但既然发行也就意味着它增加了伪造的难度。人们也尝试了很多其他的方法，比如潜伏打印（latent printing）：纸币的一部分设计由于独特的印刷方式使得你只能在一个非常倾斜的角度才看到，而且它的全息图也会随之改变。当然纸币是很难被伪造的，要不然一瞬间我们就会被伪币包围了。人们还是会制造伪币，他们从没放弃过，可以想见有很多银行伪币正在流通，但是我觉得自己从未亲眼见过伪币。

英格兰银行负责制造纸币——它们是英格兰和威尔士唯一有权造币的机构。苏格兰当地有 3 家银行发行自己的纸币，北爱尔兰则通行本土 4 家银行发行纸币。它们都小范围流通着。从没有过威尔士纸币，没有官方币种。根西岛（Guernsay）和泽西岛（Jersey）也同样发行纸币，马恩岛（Isle of Man）也发行自己的纸币，所以目前在英国有 10 个纸币发行权威机构正在运作。50 英镑是我们面额最高的纸币。苏格兰和北爱尔兰有面额 100 英镑的纸币。硬币由皇家造币厂发行。这个国家当前最流行的面额是 20 英镑。我从钱包里拿出一张给你看看。英国有 6000 万人口，人均大概有多少纸币呢？这不仅仅关乎人，也是门生意。有很多现金在流通。你需要很多钱。如果足够多的纸币聚到一起，就会很沉了。10000 英镑银行纸币重量约有 20 磅。如果你几百万几百万地翻倍，那就非常非常沉了。硬币也很沉。如果你有几百万硬币的话，乖乖，那可太沉了，得好几吨。钱也有它的实体性。

我不知道制造一张 20 英镑的纸币需要花多少钱，感觉不需要太多。我有一次听说全世界范围内制造一张纸币的平均成本是 2 美分。如果你能从英格兰银行或是安全印刷厂[①]打听到相关信息我会非常惊讶的，他们不做接受采访这类事情。理论上你可以从提款机里取出 20 英镑，再以 40 英镑的价格出售。但你得清楚你的卖点是什么。卖点往往跟序列号相关。你得了解序列号。如果英格兰银行正在印币，他们会计划发行大约一亿的印数，发行量很大。他们希望最终发行的数量是整数，但是在造币过程中不可避免的

---

① security printer，负责印刷银行纸币、支票、护照、股票、身份证等的地方。

会有小部分纸币被损坏或破坏。他们会有替换损坏纸币的置换序，这些替换的纸币会印有不一样的序列号或是前置代号，人们收藏的就是这类纸币。在造币的过程中遭到破坏的纸币很少会流到市面上，有些人专门收藏这些错误印刷的纸币。错误印刷的纸币有很多种：错印、叠印、漏印、多印。热衷于收藏错误印刷纸币的人不多，但有很多英国纸币收藏者愿意在他们的藏品里掺杂一些错误印刷的纸币，向人们展示纸币也会印刷错误，以及虽然本不应该进入市场，这些错印的纸币也还是会流入人们手中。

19 世纪英格兰银行发行的纸币非常少见。如果能以低于 1000 英镑的价格买下任何一家英格兰银行 19 世纪发行的纸币，你就发财了。大部分这样的纸币价格高达好几千英镑。一般来说，任何 20 世纪或是第一次世界大战之前的英格兰银行纸币都非常昂贵。这种稀缺度更高的特性会给你带来财富。当然反之亦然。一个例子就是 18 世纪法国革命的时候，小面额纸币非常常见，它们的价格大约是 1 英镑或 2 英镑，一开始的价值就不高。英国和西欧国家传统上以黄金为本位币，储备黄金作为保障。那时的法国是土地本位——钱币的价值被认为与土地的价值相关——当然这样的货币制度完全无效。他们发行卡片纸币，目前市场上出现的数量依然不少。常常可以看到法国生意人带着一大摞未切割的卡片纸币出现在交易会上，从未使用过，根本没有任何价值。

另外一个显而易见，但我们往往会忽略的事实就是人们从来不会把钱白白扔掉。有些国家因为经济危机，货币失去了价值，那里的人们面临的就是这样的情况。这种事情多年来时有发生，人们突然有了钱，但是因为钱币失去价值，他们根本花不掉。但他们不会把钱扔进垃圾桶，人们通常不会把钱扔掉，所以他们就把钱揣着、揣着，直到最后这些钱突然从市场上冒出来，变成有收藏价值的钱币了。曾经有很多人——我父亲也是其中一员——不信任银行和房屋信贷互助会（building societies），他们会把钱藏在橱柜的后面，或者按传统方法藏在地毯下面。人们有这种不安全感，他们希望能有存款。存款让人们觉得安心和放心，对吗？我觉得我们都是这样。你不希望银行账户里空空如也，一直到周末或月底都没钱花：人们都希望存些钱以备不时之需。往往这些人最后死了，房子也被亲戚清空了。时常，比想象更常见的是，我一个星期会收到一些电话和邮件，告诉我他找到了一个工资袋，问我这些钱会不会比实际面值更值钱？如果是英格兰银行发行的纸币你可以直接拿回银行，他们会将这些旧币兑换成新币给你。多旧都没有关系。联系我的人中大概5%手头有值得买入的纸币。

大概20年前，一个曼彻斯特的家伙把一件沙发拉出来，大概10000英镑的钞票从里面掉了出来，都是第一次世界大战之前的货币，发行时间分别是1911年、1912年和1913年。60张100英镑的纸币，发行自英格兰银行。那段时间英格兰银行发行过所谓支行币，这些钱币发行于英格兰银行在全国各地的分行，比如曼彻斯特银行、利物浦银行、伯明翰银行、纽卡斯尔市银行（Newcastle upon Tyne）。那些钞票属于曼彻斯特银行的支行币，非常少见，之前几乎还没有出现过。还有一些少量的50英镑的纸币，有一两张10英镑的，几张5英镑的。当时这个家伙把这些钱币拿到主要的伦敦拍卖行，基本上都被拒绝了，拍卖行认为市场消化不了数量如此之多的支行币："伦敦有一两张这样的纸币出现，你一下子拿出60张，市场就崩溃了。"最终他在曼彻斯特一家当地拍卖行出手了。每个人都去了拍卖现场，包括我。这些纸币卖得非常好。

我那时成功拍下了一张 100 英镑和一张 50 英镑面额的纸币，每张花了大概 2000 英镑，砸了不少钱。这就是一个很好的小收藏赚大钱的例子。很常见。

另一个极端的例子，从第二次世界大战结束到 1960 年，英国军事当局发行了英国武装部队军票，以供英国部队在餐厅之类的地方使用。显然当时服役于英国地面部队、海军以及空军的军人不少，所以在 40 年代末就发行了英国武装部队军票。15 年前国防部决定出手他们手中存放的剩余军票，将其置于拍卖会上竞拍。他们售出一批 1100 万张的钞票，重达 17 吨，售价 35 万英镑。如果你用 35 万英镑除以 1100 万，每张钞票的价格并不高。它们被 10 个生意人买下——我不是其中之一——我不想买入这么大数量的纸币。这些钞票从非常稀有一下子变得极其普通。其中的 5 英镑纸币设计独特，在此次拍卖会之前，一张保存完好的 5 英镑纸币在 80 年代早期可以卖到 50、60 或 70 英镑。现在它也就能卖个 5 英镑，不值当。同样的，在这些海量钞票里还有 3 种类型的 1 英镑纸币，现在它们的价格也就几便士，卖不到几英镑的价钱。但是这些钞票很不错。没关系，每个人都可以收藏一张。最好是全世界喜欢这些纸币的人都能轻而易举地买下一张，而不只是某个有钱的收藏家买下来，因为他花了好几百英镑。这些军票四处乱窜，而且还会一大堆一大堆地涌向市场。你不可能转眼把这 1100 万张纸币都出手。

这两个档案柜是我世界钞票的主要藏库——看上去并不多，但一张纸很薄，所以实际的数量还是蛮多的。它不太占空间。其中一些非常吸引人，取决于你喜欢哪个方面。这些是早期柬埔寨币，发行于 20 世纪 60 年代，但是现在非常值钱，每张 100 英镑。这张纸币上的序列号是A06，所以它这版的印数很可能不会超过A，这也意味着发行数量不超过100万张，因为它是一个六位数字。

这些就是两个档案柜里全世界的钞票了。我基本上从世界各国买入钞票，使用年代一直延伸到我们当前通行的新币。假如，比方说印度尼西亚发行了一些新的货币，我会想方设法搞到这些货币，此外还要收藏他们旧款式和旧设计的旧币。我在亚洲亦有门路，他们也能买到我想要的货币。这里大部分的都是旧币，它们没有交换价值，通常都被废止流通了。巴西是个好例子，津巴布韦币是个现时的例子。这是津巴布韦币。这是一张面额5亿的钞票。在津巴布韦也就值几便士。如果它今天值50便士的话，到周末也就值10便士。这对收藏者来说是有一定价值的，原因就在于你很难把这些纸币从津巴布韦带出去。一张5亿面值的津巴布韦币也许没什么交换价值，但我很愿意每张花1英镑买下来，再以3或4英镑的价格卖出去。

这个档案柜里的钱币都没有使用过，全是簇新的。这些都是来自中国40年代的钱币。欧洲。南太平洋。这些钱来自中非国家，现在都不存在了。中非国家同西非国家在一起发行纸币，因为他们没有经济实力发行自己的货币，所以他们凑在一块儿，通行同样的纸币。纸币之美大都呈现在观赏者眼中。我非常喜欢苏格兰币，其中掺杂了太多历史故事，这也是吸引我的地方。不同的人有不同的喜好。我觉得自己已经收藏了所有与众不同的纸币。我曾经买过非常罕见非常罕见，发行自18世纪末英格兰银行的早期英镑纸币。不好意思……我的电话……他想要上面印有字母H的5英镑纸币，因为他儿子叫做亨利，发行年代是他儿子出生的那一年。这要求有些极端了，我得说。

英格兰银行，成立自1695年[1]，并不是第一家银行——中国人首先开办了银行，之后可能是中东一些国家出现了银行。此后是1696年成立的苏格兰银行。一个名叫亚伯拉罕·纽兰（Abraham Newland）的家伙担任英格兰银行的现金出纳科长。有他手写签名的纽兰钞票非常罕见。任何纽兰币之前的纸币都不会出现。不管怎么说，我买下了这张纸币，很不错。这是一张1英镑纸币。它折了四折，大概在19世纪早期被放入一个小小的现代信封里，我收藏了很长时间，是个很不错的藏品。为了培养一个爱好，我喜欢上了摄影，我将这张纸币出手，买了一个大镜头。我迷上了鸟类摄影——这也是为什么那边的电脑屏幕上会出现鸟类摄影的图片。所以由于几年前买下的这张钱币的价值，我得到了一个让我乐趣无穷的摄影镜头。对现在的我而言，摄影比任何纸币都更有意义。我对这行浸淫太久，已经不会对纸币本身如痴如醉。我不应该这样，客户在场的时候我还是应当保持满腔热忱。

我从70年代中就开始收藏纸币，到80年代中我有了两个孩子，背上了抵押贷款。我的收入有限，对自己的收藏感到无能为力：如果我没有这个藏品，也买不起它，我就无比沮丧。80年代的时候，做生意的人很少，几乎没人收藏纸币，所以我觉得我可以做点小生意。为此我放弃了一些藏品。事后来看我这么做完全正确。倒不纯粹是为了钱，但是苏的身体状况每况愈下，也就意味着我出去赚钱的时刻总会到来，而这就是一个契机。

倒卖纸币为我挣了足够的钱。我不能说它让我发财致富了。我不希望让你感觉我会在门前停着一辆劳斯莱斯。很多人捞的钱

---

① 此处受访者叙述有误，第一家英格兰银行成立时间应为1694年。

比我多得多，但是我的需求相对较低，孩子已经离开了家，贷款已经还清，我不需要大把的钱了。我现在对这份工作的享受是它带给我的自由，我可以起床，早晨工作一会，之后看到太阳升起，我会想：“噢，等明天再完工吧。”然后我们就放假了。很少有职业或工作能给你这样的自由。这是这个工作最棒的地方。

我感觉纸币销售商的收入比国家平均收入要高。人们会在星期六或星期天或是银行假日的时候打电话或者发邮件给我，可能是在深夜。你确实会比那些朝九晚五，花一个半小时吃午餐的人们投入的时间要多很多。是的，你比平均工资挣得多，达不到这个收入就说明你干得还不够出色。我可以说它给我带来了很不错的收入——我从没收到过来自客户的投诉，但同样也尚未达到顶峰。还有很多人年入 10 万英镑。遗憾的是我从没赚到过那么多钱。生命并不只是为了金钱——不论你如何看待它。

第十五章
失 去

百丽儿·韦瑟斯通：

“我每天都在看文字电视广播上那些暴跌的股票，它们不停地跌、跌、跌个没完。”

如果我们亏钱了会怎样？当市场生变，我们无辜被牵连，存款因银行破产化为泡影，落得一穷二白怎么办？如果这种损失发生在我们无助的老年，如果这些钱是我们毕生积蓄，再没有机会挣回来该怎么办？当小人物被大机构抛弃后果将会如何？

我在一家小型护理中心的卧房采访百丽儿，她正在从中风中逐步恢复过来。百丽儿坐在靠窗的椅子上，不停地掀开窗帘看看女儿来了没有。“这里不像是医院，”她说，“它仅仅面向只需六周护理的人，之后我们就要回自己的家了。”她对离开护理中心之后即将居住的地方感到沮丧，对之前发生在自己身上的事情心生绝望。当我年幼的儿子一边看《消防员山姆》（*Fireman Sam*）的 DVD 一边评论时，百丽儿变得活跃起来，跟我儿子聊天，给了他一些自己的浓茶饼干和一只蜜橘。她很努力地想要表达得清楚明白，我们的聊天让她筋疲力竭。

百丽儿·玛丽·韦瑟斯通。我 75 岁了。之前中了一次风，他们希望我夜间卧床，尿在尿片上。希望我穿上成人尿片，在尿片上小解，还有那个——你们怎么称呼他们来着？社工——也希望我这么做。理疗医师则希望让我夜起自己小解。她会在我床边放置一个便桶，需要小便的时候，帮我挪下床小解，之后再帮我爬回床上去。这样究竟有没有用，我不知道。但是他们会在我回家的时候把一大堆东西也给我送回去。我不知道他们要做什么，我担心得要死。你还有什么想知道的？

1939 年 7 月 21 日年我出生在弗林特（Flint）。我住在卢顿（Luton）81 号高尔路。有一间小平房。我在那里住了 53 年。我现在宁愿搬到伊顿布雷（Eaton Bray）。我中过一次风，可以住得离女儿近一点。我想要一间退休人士公寓（warden-controlled flat），也就是说你能有一小间自己的公寓，如果按铃，一天 24 小时有人待命提供服务。但是根据伊顿布雷政务会的规定，我的情况算不上紧急。什么叫做紧急？一直孤身一人，不跟任何人说话？嗯？这是急上加急！我非常气恼，不知道该怎么办。我不能住到我女儿那儿去，住在那儿我得艰难地爬完楼梯才能上床。我女儿本应有照顾我的责任，但我不想给她添麻烦。有人告诉我女儿，去找议员，看看他们能不能帮忙。我被留下独自一人度过漫漫长夜。没人问我是否需要护工。噢，噢……进来……请坐……对、对。

那是社工。我不知道该做什么。我总是紧张不安，就是这样。他们都爱对别人说三道四。有人告诉那个女人我不喜欢她。有人之前跟她说我看她不顺眼。我在想到底谁在这儿煽风点火，我真纳闷。

6 周前我中了风。我女儿打电话给我，我去接电话。我跟她说了一大堆别人听不懂的话，跌倒在厨房地板上，电话在大厅里，我絮絮叨叨、胡言乱语。救护人员说："我们会在一分钟以内到你那里，如果你女儿没有带着钥匙在门口开门的话，我们会去找警察把门撞开。"但是后来警察和我女儿同时赶到，所以不需要撞门了。这很好，真的，她能及时赶到。

我也不知道自己为什么会中风。除了血压，我一切正常。我内心很忧虑钱的事儿，比我想象的更加忧虑。我在股票里损失了9000英镑，我当时内心应该是焦虑万分，但自己却没怎么意识到。我每天都在看文字电视广播上那些暴跌的股票，它们不停地跌、跌、跌个没完。去年我打算以9000英镑的价格把它们售出，再也不必为这事烦心了。但后来这些股票价格涨到了13000英镑。它们是哈利法克斯（Halifax）股票。我自己没有买这些股票：我是哈利法克斯房屋信贷互助会的成员，互助会变更为银行之后把股份给了我，你知道。这就是我得到股票的途径。我一直在哈利法克斯银行存款。之后他们说劳埃德银行（Lloyds Bank）打算买下哈利法克斯房屋信贷互助会。劳埃德银行发来一封邮件：如果劳埃德接手，我得不到770股，只能得到660股。我遭了损失，亏了。这就是事情的经过，我应该是内心万分焦虑的。你的儿子怎么样？他要不要吃一个蜜橘？

钱一直对我的家庭很重要，毫无疑问。因为我们小的时候，很长时间过着没钱的日子。我们了解没钱的生活是怎样的，你知道，所以我们必须认识到钱很重要。我父亲在钢铁厂挣的钱不少，但每天他都买马，一半的时间都烂醉如泥上不了班。他喝酒喝得很凶，但伊莱克斯（Electrolux）的一些人告诉我，如果我父亲不喝酒，他就在钢铁厂干不下去。我父亲过去只在他脖子上围着一条汗巾干活，半身赤裸。他在轧机旁忙活，负责轧钢。钢铁厂里温度很高，如果他不喝酒就坚持不下去，他工作的时候汗如雨下，等把活儿干完，他需要啤酒来解渴。如果不是我父亲的不靠谱、嗜酒如命以及爱赌成性，我们可能已经是百万富翁了。

我结婚的那天，我父亲赶来卢顿（Luton），吹嘘那个周末他赚了 77 英镑——那个时候的 77 英镑，53 年前了——但他来时的火车费还得叫我出。我 13 岁就离开了学校，因为母亲我得待在家里，她病得很重，什么也做不了。我离开学校大概 3 个月。住进利物浦医院的时候没人告诉她已经时日不多了，但别人告诉我父亲，母亲过不了这一关了，她得的是白血病。我知道她就快离开人世了，我听到有一天晚上我父亲跟祖母谈话，他告诉祖母："她的性命也就剩下几个星期了。"因此我知道母亲已经生命垂危，但是我对谁也没说。那个时候我就知道她要离开我们了，我还只有 13 岁。我 7 月份刚满 14 岁，母亲 8 月 13 号就告别了人间。

我记得她离世的样子。我记得她的葬礼。我和妹妹参加了她的葬礼。我妹妹还没有意识到，你知道，我母亲已经不在人世。他们确实告诉了她这回事，但她总是有点神经质。妹妹在生命最后五年的时间才意识到任何事情都不是那么容易。但是 50 岁之前，她都有些轻浮。上了 50 岁的年纪之后，她似乎认识到事情并不像看起来那么容易。

我们一家四口人，母亲已经不在了。我才 14 岁，不得不离开学校。学校的督学来过一次，跟我爸爸说："她为什么不来上学了？"我父亲说："如果你再来，我会一脚把你从门口踹到台阶上。"之后督学就再也不来了。我 17 岁就开始工作，只有一条裤子，这是我唯一的一条裤子。所以每天晚上都得把它洗干净，第二天早上湿漉漉的就穿上。穷得真是叮当响。我父亲挣的钱很多，但他一个子儿都不给我们。他从不给我买任何东西。从来没有。我也不知道原因。我哥哥穿着一件旧夹克。噢，天哪，我们像是流浪汉，真的是这样。我哥哥 17 岁的时候加入了海军，我最小的弟弟搬去跟祖母住在一起，所以只留下我和我妹妹。我和妹妹因为父亲饱受苦难。我煮饭、打扫，我父亲什么也不做。但是说归说，做归做，他终究是我们的父亲，不是吗？他是我们的父亲。他拖了我们所有人后腿，后来跟我哥哥道歉。“我知道我从来不是一个最称职的父亲，”他说，“但我为此道歉。”我哥哥说：“没事，父亲，你也应付不来。”我哥哥从来不说：“不必担心。”他只说：“你也应付不来这种局面。”父亲从没跟我道过歉，从来没有。

我 17 岁的时候开始在考陶尔兹（Courtaulds）工作，一家尼龙工厂，我自己挣了些钱，所以买了几件衣服。但是父亲会把我所有的钱都没收。17 岁的时候我遇到了自己的老公，他 18 岁。21 岁的时候，老公把我带到了卢顿。妹妹来看我，跟我们一起住了 8 年！我老公过去总抱怨我妹妹——她没完没了地找我们借钱。但我当时是凌晨上班，我老公一周有三次去他那帮伙计那里的时候，妹妹在家照看我的女儿。

我现在在伊莱克斯工作。我干过生产吸尘器的各种活儿。有时候我很喜欢我的工作，有时候又很厌恶，但我一直坚持做下来了。我在伊莱克斯工作了 35 年。我干过各种不同的活：把吸尘器从轨道上拿下来，把马达放进去，装上轮子，给吸尘器装上雪橇腿划过地板[①]。我妹妹以前生产过马达，哦，嗯，马达从传送带上

① 伊莱克斯 1937 年出了一款安装着雪橇腿的吸尘器。

运送过来，我们将它们安装到吸尘器上，这就是我妹妹做的工作。她在那儿大概工作了 30 年。她工作了很长时间。是这样的。很难过她去世了。又是这样，又是这样。

我老公在沃克斯豪尔（Vauxhall）工厂负责整流的工作。如果货车下了生产线出了什么问题，他负责把问题解决。我一直在外挣钱，所以从来没担心过钱。我女儿结婚的时候花了我们 6000 英镑，那是 22 年前了。办完婚礼之后我银行的存款所剩无几。我又重新开始存钱。我老公 57 岁决定从沃克斯豪尔退休的时候拿到了 25000 英镑。他把钱存进了哈利法克斯银行，不久以后他就中风了。我服侍了他 9 年。我那个时候不得不放下工作去照看他。后来他去世了，我独自生活了 9 年，现在我也中风了，跟我老公一模一样。我一辈子都在伊莱克斯没日没夜地挣钱，等刚刚能过上舒适生活的时候老公中风了。那 25000 英镑还在我这里，在这儿让人知道可不好，不、不、不。

就这样，这就是我的人生。所有家人都是我在照顾。不，我不忧虑钱，噢，不，至少现在不是。我现在忧虑钱有什么意义呢？对我根本没好处，不，完全没有，根本没有。我说了这么多够了吗？

第十六章
愿　景

马克·博伊得：

“没有钱已经成为我的常态。”

如果地位稳固、值得信赖的财政机构变得摇摇欲坠或面临解体，是否会有英国的经济预言家提出可替代的经济体制？我采访过的人都没提出过不同的金融体制。他们加入这个体制，或者玩弄这个体制，但从未尝试重建一个新的金融体制。我在想是否有人梦想重建一个新的金融秩序，可以应用于他们个人经济之外的秩序。之后我读到了马克的报道。

我在斯特里特姆（*Streatham*）的公寓起居室里采访马克，他今晚在这里过夜。马克逗我儿子索里开心，把他倒提着。我跟马克聊天的时候，他的朋友，埃里克躺在地板上跟我儿子一起看《怪物史莱克》的DVD。马克30多岁的年纪，说话带着爱尔兰口音，待人十分坦诚友好。

我一分钱不带从布里斯托尔（Bristol）出发走到印度。我从甘地殉难30周年纪念日那天出发，打算走到甘地的出生地，以此举象征社团的重生。我从布里斯托尔走到多佛（Dover），抵达法国，在法国遇到了一些问题，其中一些问题源于缺乏计划性。在法国我们有语言障碍，没办法表述和解释清楚我们在做什么。法国有流浪法（vagrancy laws）。英国也有流浪法，但已经数百年弃置不用了。流浪法规定零收入是非法的。

我们现在正在和平朝圣的途中，这是埃里克和我在斯特里特姆做的事情。朝圣往往是一个宗教行为。我没有任何标签：我不是一个天主教徒，不是印度教徒，不是佛教徒或是穆斯林教徒。我认为我的人生就是我的宗教。对我影响最大的人是甘地。甘地总是说："我的人生即是我给世界的讯息。"当人们问他："你的哲学是什么？"他说："我不带任何新事物来这个世上。我谈到的任何事物自时间之初就已然存在。它们并非新的事物，是非常简单的事物。所谓的'新'在于对它的践行，所谓'创新'在于将它付诸实践。"当他说："你想要这世界怎么改变，就自己先变成那个样子。"他并没有说："让我们谈谈你希望这个世界有何改变。让我们每周二晚上开个会谈谈你希望看到这个世界发生的变化。"他是说："先去改变自身。"

当埃里克和我回到英格兰，我们生出一个想法，因为当时没什么别的打算，所以我们决定："让我们在英国继续朝圣之旅吧。"在英国，恐怕很有必要这样做。西部基本上是需要它的。两天前，我们从上午11点走到次日上午7点，连夜赶路抵达了伦敦。我们不一定总有住的地方。我们在帐篷里睡过觉——我随身带着帐篷。我们曾在一个废弃的棚子里睡觉。我们有时没有食物，有些天我们又能享用美味大餐，消灭了五道主菜，这一切都非比寻常！

我过着没钱的日子。我们从一个城镇走到另一个城镇询问人们是否需要帮忙。如果有人需要，我们无条件提供帮助，不期待会换来食物或住宿，我们相信需要的东西自会到来。如果有人的工作需要帮忙，我们就去帮他，如果有人接受帮助之后愿意给我们提供食物和住宿，那就算意外收获，但我们帮助别人是无条件的。我们帮忙种柳树，我们把墙推倒，我们重新布置一个女人的艺术工作室，在有些地方我们还帮忙打扫房屋，做的事情总是不尽相同，都是人们需要帮忙的事情。我们两个人技术并不精湛，我们不可能把每件事情都做得很专业，但假如有任何能帮忙的地方，我们就会伸出援手，义不容辞。几乎没人会开口说："我们希望有人帮忙。"我们不会真的这么说。你能掌握的最有用的技能就是乐于助人的意愿。只要接受 10 分钟的训练，你就能胜任这份工作。人们刚看到我们的时候可能以为我们在全国各地不劳而获，瞎转悠，或者认为我们四处奔波讨生活，以技换物。

我曾经在布里斯托尔有一个船屋，我把它卖掉成立了一个自由经济社团。在开始朝圣之旅前，我将所有剩下的东西都送给了别人，所以现在我所有家当都在角落的箱子里了——不是那个大帆布背包，是小的那个——这是我目前所有的财物，是我随身携带的东西。我身无分文。我在银行没有存款，没有任何信用卡，没有任何形式的钱。我完全不靠钱生活。我没有任何来源的收入，也没有任何经济来源供我支出。人们平均一天给我 10、15 或 20 英镑。原则上我不能接受，我发过誓不去碰钱。但如果我正在帮助某人，比如在酒吧帮助某个组织，因为我在那里帮忙，肯定会接触钱。但我自己不能接受任何钱财。

自由经济是我的愿景，这个行动旨在回到没有金钱交易的世界。那个世界里只有无条件的给予、无条件的爱以及分享我们的资源——我们的技术、我们的土地、我们的空间、我们的工具，任何我们有的东西——而且不只是分享，而是要通过分享建立一个社团。所以不仅仅是分享你的时间或工具，你同样在付出一部分你的灵魂和精神，通过分享将它们升华。

自由经济的物质内容基于石油产量峰值（Peak Oil），它将在15年内石油耗尽之时到来。那时世界将转型成为无油世界。因此我们必将变得更加本土化，有能力制造自己的衣物，种植自己的食物，修建自己的房屋，修理自己的自行车和小汽车。对我而言，自由经济社团以及所有它体现的东西都十分神圣，它从未让我感觉良心有愧。自由经济社团与我的人生哲学完全吻合，切合我人生的各个部分。这也是为什么它至关重要，我也愿意毕生追随的原因。它几近完美。

自由经济存在于169个国家，目前成员已超43000人。它运作了4年，成长步伐之快已经将我们远远甩在了身后。不论英国的任何一个地方，即便是最偏远的地区，都会至少有2个或3个自由经济的成员。过去几个月有大约10万网民已经登陆这个网站。自由经济网站有关交换和物换技能，并且进行交易，但它超越了普通意义上的交易。你帮助别人是因为他们需要帮助。除了你对人性和社团抱有的信任，没有谁能保证你的帮助一定能得到回馈。

比方说你的单车坏了，需要一个单车修理工，你在自由经济网站输入“单车修理工”，这条信息能将最近的单车修理工招至你前门，所以这个网站是尽可能本土化的。修理工来到我的住处，修理我的单车，但无法保证之后我一定会去帮助他。此间没有金钱的交易。人们这么做完全凭着对自由经济的热爱。但是作为一个人人免费帮忙的社团成员，我知道将来一定有某个时候修理工也需要帮助，也许他的墙需要粉刷，他知道有人会过来，帮他粉刷墙壁。在这个过程中，人们不仅跟彼此见了面，认识了他们的邻居，他们会想："实际上，我们并不都是坏人，我们都可以成为朋友。"它能够升华人的精神，因为当有人来到你家，帮你修理单车，分毫不取地离开，这就像："天哪，人们真的很棒，天哪，我真的很喜欢我的邻居，生活在这里真的很好。"它升华了人性，这可能是最重要的事儿了。它升华了人们的精神，建立了适应力，减少了资源消耗。

自由经济的灵感最初来源于自然。如果你看着苹果树，苹果树不会说："你有巴克莱卡吗？有国际信用卡吗？"苹果树向任何想尝一颗苹果的人无条件提供果实，你想摘多少就摘多少。你可以摘一颗，也可以全部都摘掉，苹果树每年源源不断地结出更多果实，这就是它的存在方式。你吃着苹果，你肥沃着土地，好吧，土地不再需要人粪肥了，但这就是自然希望它存在的方式。现在人们的做法是跟大自然对着干。我们从大自然中予取予求，我们说："我知道大自然免费提供给我们这个，但现在我们得给它定价收费，我们要从中赚大把大把的钱。"另一个例子是蜜蜂和鲜花。蜜蜂飞过来采蜜，在这个过程中鲜花在蜜蜂的尾部沾上花粉，蜜蜂飞往下一朵鲜花，最终给那朵鲜花传授了花粉。蜜蜂不会想："嗯，我打这份工得 50 英镑。你的蜂蜜只值 1 公斤 3 英镑。"

钱是近代史的产物——从钱币通行到现在最多也就 1 万年的时间。过去几百年间，钱一直是社会关注的焦点，但是如果跟存在了数亿年的地球和宇宙比起来，金钱的流通只不过出现在这段浩渺时光最后0.1%的历史之中。人们说钱是万恶之本，但并非如此，钱本身是无辜的。钱自身不过是纸币和硬币，它来自土地的矿物质，来自树木的纸张，因此不好意思，我不能责怪钱本身。钱的邪恶在于人们附加其上的价值。我总说钱不是水，不是食物，不是氧气，我们可以像地球上其他任何一种生物一样，不需要钱活在这个世上。你不会见到鸟啊、虫子啊、蜜蜂啊、鲜花啊到处说："我们需要一些现金，要不我们就活不下去了，我们都活不下去了！"在世界历史上，钱是一个近期出现的事物，但是现在我们却觉得如果没有钱，就会活不下去。尽管我们的确发现，在今天的社会，没有钱的生活是举步维艰的。

我过去的6年都在做生意。我曾经在布里斯托尔经营过一家有机食物公司，两家咖啡厅，一家有机超市和一片有机农场。一部分的我很喜欢这个工作，并且当时也在研读相关书籍——我在大学攻读了商业与经济专业。但是从商业的角度来看，我必须做一些违背良心的事情。我不能给我的员工与他们工作表现相当的薪水，虽然我知道他们工作都勤勤恳恳。由于我开出的薪酬，他们可能月末付不起房租，吃不起有机食物。我的工作告诉我："在供货上少花点钱，向顾客多收点钱，给员工少发点钱。"因为只有这样你才能挣钱。设法让你的员工没日没夜地工作，让顾客觉得光顾你的商店是他们优质生活方式的一部分。可这三件事我做得都不够彻底：我想要给顾客一个合理的价格；我想要给员工一份丰厚的工资，这样他们也能过上体面的生活；我同样想给农民一个优惠的价钱，但是我不能再这么做下去了！尽管我从事的可能是这个国家最道德的行业，我也不能为仍然浸淫其中自圆其说。

我不再用钱了。我已经好几个星期没想过用钱，甚至根本就不会想起钱了。有些日子里我想："我真的很饿，如果能够去哪消费一份可口的大餐就好了。"但是如果再回到那种生活方式会很怪，我打开钱包，里面有200英镑，那就像："哇哦，天哪，怎么有200英镑在钱包里，太奇怪了。"没有钱已经成为我的常态。我身无分文，已经这样过了6个星期。我并不忧虑我的未来。如果要说忧虑的话，我过去比现在忧虑得多。我获得了很多技能：无条件给予的技能、更精简生活的技能、减少对设备和舒适生活依赖的技能。在饥寒交迫中倒头就睡也是种技能。简单地生活是一种技能。

每天当我们睁开双眼，心里会想："让我们仅仅将注意力放在付出上，我们会倾尽全力地付出，但不要去在意今晚是不是要睡帐篷。"然后整个事情开始流动起来了，天哪，我们在一天结束的时候，享用了美味大餐，因为人们真的被我们鼓舞了。如果说我需要某样东西，比如牙膏，宇宙就会在完全对的时间送给我任何想要的东西。最典型的一个例子是，我醒过来，整个早上都在流鼻涕，我跟某个人走在一起，他会问："你有纸巾吗？"我说："没有，身上没带。"没有丝毫夸张，就在5秒钟之后风吹来一张纸巾：一张干净的纸巾，纯粹的纸巾，我的天，上面什么污渍也没有。我们面面相觑，我知道这故事听起来像是凭空捏造，但我知道它一定会发生，但对我而言只有当你与宇宙一起努力，才会发生这样的事。我看着天空，说："做得漂亮！我们一起继续前行吧！"

当我跟宇宙和宇宙对于基本的爱的法则共同努力的时候，生活流动了，人生变得异常美丽，我们拥有了美好的时光，你感觉跟正在发生的事情紧密相连，步调一致。那些我不去这么做的日子，生活变得纠结。所以我们能更好地将生活专注于无条件地付出，而少些去想：“我真的很饿，我得坐下休息几分钟。”

只要有必要，我们就会继续行走；只要宇宙还能允许我们存在，我们就会不停地走下去。基本上，我们只能继续行走和保持希望，同样我们也会继续不遗余力地推行自由经济的理念。如果宇宙不给我们前行需要的东西，我们要么就得自行毁灭，要么就在某个阶段放弃这个理念。到目前为止，宇宙已经给了我们需要的一切，究竟希望我们坚持多久完全在于她。要么5年，我们可以前往印度；要么2天，我们只能在伦敦城开展活动——对此我们一无所知。我的梦想是将我的理念带到印度，但假如宇宙对我另有安排，希望我在人生中做些不一样的事情，她会让我知道。如果我顺从她的基本法则，无条件付出，但是没得到任何食物，又或是我已经筋疲力竭，无法再前行一步，那也就是该放弃的时候了。是否让我继续下去，做些事情，都是宇宙的旨意。

当人们说：“噢，好吧，你谈论的是回到过去的生活方式。”我们谈论的并非是回到以前更加简单的生活方式，不是生活的倒退，而是顺从大自然的周期。我们在过去几百年学到了许多，借着这一次回归到那种简单的生活方式的契机，可以把之前的所学利用起来。你知道吗，唯物主义不起作用。我们以为它会让我们幸福，但我们只感到无比沮丧，很多人选择自杀，作为人类，我们前所未有地缺乏幸福感。唯物主义真的起过作用吗？消费主义和资本主义真的起过作用吗？我们可以说：“我们必须得尝试一些不一样的东西，因为现在的生活方式根本行不通。”

第十七章
竞　争

雷内·卡拉：

“我很想成功，我也很享受成功，如果失败了就像死一样难受。”

与其去创造一个全新的金融体系，或是像马克·博伊得一样打造一个非经济架构，还有人的选择是投身于现有经济体系。白手起家，野心勃勃。找一份工作，给别人打工，勤奋工作，得到提拔，成为老板。之后买一幢房子，背上一份抵押贷款，两年之内偿清贷款。总而言之：竞争并胜出。这是什么样的一种体验？

看了雷内的电视节目《如何在两年之内清偿抵押贷款》（*How to Pay Off Your Mortgage in 2 Years*）之后，我联系了他本人。雷内住在一个井井有条、金碧辉煌的大宅子里。我们穿过起居室的时候，我看到咖啡桌上的木碗里放置着鸵鸟蛋。一走进厨房，他问“要不要喝杯茶？”，然后开始激情洋溢、口若悬河地大谈特谈金钱，我突然意识到：“停！停！我还没有打开录音机呢！”就在我们做访谈的时候，一个双层玻璃的代理商打电话来问他需不需继续安装玻璃。他身材高大，体形魁梧，带着生意人的态度——一个肩负使命的男人。

钱、钱、钱、钱、钱、钱！我是切尔西（Chelsea）的忠实粉丝。当阿布拉莫维奇（Abramovitch）把切尔西买下来的时候所有人都说：“全是为了钱！”在英国，有3件事情招人厌恶，这3件事你千万不能做：千万不能成功，千万别是个外国人，千万不要因胜利沾沾自喜。何塞·穆里尼奥（Jose Mourino）——我们讨厌这他。斯温（Sven）——我们讨厌他。阿尔塞纳·温格（Arsene Wenger）、迈克尔·舒马赫（Michael Schumacher）、泰格·伍兹（Tiger Woods）——他们都不招人待见。蒂姆·亨曼（Tim Henman），悲剧的失败者，是啊，我们喜欢他，他还不错。如果阿尔塞纳·温格在足球赛结束的时候因为丢了球，心情不好没有跟人们握手，我们会想：“真是丢脸！”

如果你跟我说：“大英帝国是什么？”我会说：“我们是蒂姆·亨曼，英勇的失败者，坦然做老二，只要能保持体面就行。”美国已然建立了渴望成功的文化。欧洲——老欧洲——法国、德国、意大利、西班牙、斯堪的纳维亚（Scandinavia）以及英国——都不知道该如何获取成功：“能参与就好。”蒂姆·亨曼总能进入温网半决赛，然后被意在夺冠的对手打得落花流水。最终，蒂姆会说：“我尽力了。”他根本不知道什么叫尽力！我们从来就不会尽力。我们从不会全力以赴，舍命一搏。我们总在接近巅峰的时候止步不前。我们在世界杯四分之一决赛失利——每次都是这样。我们从来培育不出顶尖网球运动员，因为要打好网球你得有对成功的饥渴，得日复一日在球场上打球。我们在田径场上无法夺冠，因为我们没有准备好为胜利做出牺牲。从之前首屈一指的大英帝国，我们已经变得吹毛求疵、愤世嫉俗、自我封闭。我们现在都是蒂姆·亨曼了。

我讨厌失败。我讨厌它。我回到家坐在黑暗里。我无法呼吸，迫不及待想要回到战斗中。我担忧，我抓狂。我回到家分析，分析并且确保下一次一定会成功，而且唯一对成功的评估就是金钱。这就是新秩序，没什么感到不好意思的。我肩负着使命。我想要达到目标。我来自哈勒斯登（Harlesden）的工人阶级。我母亲、父亲和五个孩子挤在一个两房一厅的公寓里。如果这都不能让你渴望成功，我不知道还有什么能鞭策你。当年我父母来到英国，我父亲花了 5 英镑 10 先令在威尔特郡（Wiltshire's）租了一个房间。威尔特郡的人都很好，一对 60 多岁的威尔士夫妇对我的父母很友善。这对威尔特郡夫妇决定要继续出租两个房间，所以在窗户上放了一个标示，我之所以注意到这个标示是因为它的拼写错误实在太多。标示上说："两间房出租。谢绝黑人。谢绝犹太人。谢绝爱尔兰人。谢绝狗。"我说："爸爸、妈妈，你们想不想来看看这个标示？"父亲走出门，看到这个标示，牙齿咬得咯咯作响，看着母亲。我父母是谦逊的非洲人，他们来自殖民地区，一辈子卑躬屈膝。他们回到屋里，爸爸坐下来。他正在喝咖啡——因为气愤至极，咖啡杯被他捏碎在手里。但他对我只字不提。直到我长大之后才知道父母做出了怎样的牺牲。他们在一个自己无法融入的国家度过了 20 多年。

去玛莎百货上班之前，我父母一直为我感到十分骄傲。在我离家上大学的时候，父母回到了冈比亚，任务完成了。他们的想法是："好的，雷内在大学读书，我们都回冈比亚吧。我们回家。""但是爸爸妈妈这就是家啊。""不、不、我们要回家，拜托，我们要离开了。等你完成大学学业，就回来跟我们在一起吧。一切都会顺利的。"父亲母亲回了冈比亚，我们五个孩子留在了这里，因为这儿是我们的家。在那一刻我理解了父母的牺牲：打乱了自己20年的人生，只为了他们的孩子。我不再需要其他任何动力了。我火力全开。在玛莎工作教会我书写，在百事可乐工作让我学会挣钱。

如果有人在英国做错了事，会在头版被问责，《今日》节目会就此发难："谁应当为此担责？谁该受处分？"我们不妨把企业家干掉好了。我们说："理查德·布兰森（Richard Branson）早年因为税务问题跌过大跤。"我没听说过任何一个成功的企业家没破过产，没面对过惨烈的失败，没有体会过贫穷滋味，没拖欠过税务的。要把生意做成功你就得接受风险，这在美国没问题。但在这里，后果是："我们会把你除名。我们让你回到考文垂去。烂人。"谈到钱的时候，我们有一些天生的文化定式思维、一些包袱，我们得把它们抛掉。

是什么让美国人如此自信？唐纳德·德普（Donald Trump）在赚了20亿之前亏了10亿。如果在英国你是一个经营失败的企业董事，你会作为董事被除名3年；如果在意大利你是一个经营失败的企业董事，你会被除名7年。意大利有一点好处就是没人会检查这个时长。在德国如果你是一个面临倒闭的企业董事，你会被永久除名。在日本，因经济问题自杀的人数高于交通死亡人数，就因为他们的羞耻感："切腹自尽是我唯一的出路。"在美国，人们有反弹的能力："我已经失败了，我感到羞辱，但我正在挽回颓势。"在美国，如果你曾经历过失败，你的市场价值更高，因为他们认为："你学到了教训。现在你想要证明自己，你也具备一些经验。我会让你加入我的董事会。来吧！加入我们！"在美国，破产保护法（Chapter Eleven）保护你不被债权人追债，给了你机会在现金基础上偿还债务。你的债权人不能动你一根毫毛。你可以继续保持交易，可以企业重组之后重新进入市场。在英国，他们把破产公司官方接管人和管理人员都拉进来，关掉你的企业，在头版头条羞辱你。弗雷迪·莱克爵士（Freddie Laker），莱克航空的创始人、瑞安航空和网际航空公司的先驱。他早了20年，我们完全毁了他。如果在美国，他会是个英雄。人们会投资他的下一个经营项目，因为他有出色的直觉、勇气和远见。

事实上，我们是欧洲最美国化的国家了。如果你前往法国，那里既没有能量，亦没有动力。我祖父母都是法国人。我表亲在普罗旺斯有一家很漂亮的商店，对于每天关店之前需要挣多少钱，他思想上有个指标。所以当他达到这个指标，即使来的是第一个客户，他也会把商店的告示牌翻到“结束营业”。如果他在下午3点达到这个指标，他会对下一个客户说“不好意思，我们要停止营业了”，然后就回家了。他不是独一无二的一个。他会说：“雷内，你们英国人都搞错了。你们是为了生活而工作，还是为了工作而生活？”我不能说他的话不对，但他们没有动力，他们不会在钱的神坛前顶礼膜拜。西班牙有4个小时的午休。除了希腊之外，英国在欧洲工作时间最长。

我们一天天地跟美国人越来越像了，我们也同样一天天地谴责自己这一点。我们的假期在减少。我们越来越多地通过拥有的物质和各种名牌衡量成功。我们越来越招摇。每个人都戴着有Gucci或者Armani标志的眼镜。“我希望在人们眼里确确实实很奢华。”我们从前可不是这样。我们现在依据住在哪里，送孩子去什么学校上学，去哪儿度假定义自己。钱是这一切的核心。唯一不变的是我们还是会为此感到难为情。如果可以谈论钱，真正地谈论钱，我们的成功将会翻倍。我跟一群企业家共处过，他们说着这样的话："我只值大概 2000 万英镑。我真的应该有条理地进行筹划，我过去一年可不怎么好，仅仅提高了 48% 的收益。"在我眼里，我很美国化。我很想成功，我也很享受成功。如果失败了就像死一样难受。

BBC 曾经调查过 7 万个自主创业的百万富翁，其中 49% 的百万富翁有诵读困难，59% 的百万富翁来自穷苦或是有缺陷的家庭背景。这个调查结果告诉我们关于必要的驱动力一些什么样的讯息？它告诉我们，这些人有能力拥抱风险，有能力面对失败，有能力想别人之不敢想，有能力站起来讲一些看似愚蠢的话，因为他们不在乎人们怎么说。因为从很小的时候，身旁的人总让那些有诵读困难的企业家感到自己像是残次的货品，他们想要证明："我不是残次的货品。我很好。"这造就了他们内在极端、超强、过度的动力。他们会站起来。他们不会随波逐流。"我不需要你们的认可，因为你们从来没给过我认可。我从不寻求认可。见鬼去吧！我会成为我自己理想中的人。"那些来自极端贫困家庭的人，那些来自分裂成长环境的人，都是一样。没有老师认为他们将来能够获取成功，没有人在他们身上投资，所以他们必须自力更生。他们不是很好的团队合作者，他们不是世界上最友善的人。他们没有最佳的人际交往技巧。但他们是成功者。他们能够面对失败，他们能够很好地处理失败的打击。他们能够在没有工资的世界生存："3 周之内我得给所有的员工发工资，但我现在一个子儿都没有。我会搞定它。"大部分其他人会想："我的天哪！我该怎么办哪？"而他们不会，他们会把它搞定。对成功的渴求是巨大的动力。

我有一天采访了理查德·布兰森（Richard Branson），他诵读有困难，显得笨头笨脑。我们面前坐着2000名观众。他满脸涨红，说话结结巴巴："不、不、不好意思，你能不能把那个问题再重复一遍？"我说："你已经打造了一个知名品牌，你已经有了一群特别优秀的员工，你从哪里找来这么优秀的员工呢？"他讲了一个故事，这个故事完全展现了他是个什么样的人："20年前当我刚开始经营维珍唱片的时候，我有两个员工开着货车满伦敦跑，把唱片送到每个唱片商店。有一天我接到一个来自兰仆林唱片商店的电话，那个人说：'理查德，你的一个员工以十分之一的价格把一批全新的唱片卖给了我，所以我也可以半价卖给顾客。他在欺诈你。你们一直都对我很坦白，所以我觉得也得知会你一下。'我把这个司机叫到我的办公室，说：'你看，你已经给我打了6个月的工了，我一直照顾你，你为什么要这样做？'这个司机非常不好意思，我说：'我再给你一个机会，我相信你。以后不要再这样了。'"理查德说："现在这个司机是董事会的成员，是最忠诚的董事。"

在我《如何在两年之内清偿抵押贷款》的电视节目上，究竟是什么使得有些人成功，有些人失败？只有一件事：你究竟有多渴望成功？就是这个。那些渴望成功的人，就能做到；那些懒得费心的人，无法成功。这个节目能够获得授权，是因为BBC问了10万个人一个问题："哪样东西能够带给你财政独立？"85%的回答是："还清抵押贷款。"这也是他们录制这档节目的原因。8个人、8个志愿者、8个家庭计划两年之内还清抵押贷款。

我在美国百事可乐董事会工作的3年间，去了6次抵押契据派对。同事买了一幢房子，尽快还清抵押贷款，办一个抵押契据派对，在半夜的时候把契据拿出来烧掉，烟花在空中绽放。这对参加派对的其他人有什么影响呢？这会让他们想："我也得这么干。"在英国我们不这么想。我们的家是我们的城堡。我们想："25年的抵押贷款，成本贷款很低，这笔交易不错！"但这是垃圾贷款，如果你看看今天平均12.5万英镑贷款的5.5%的利率，在还贷期间就得支付15万英镑的利率，别跟我说这笔交易不错。我们之所以觉得不错是因为这笔钱是每个月不知不觉地在一点点流逝。但这确实是笔垃圾交易。

在英国收入微薄的学校老师看不起满身铜臭味的百万富翁。"我上过剑桥，我收入卑微，我住在离工作的地方几英里外的小房子里，因为别的地方生活成本太高。"铜臭味的生意人住在肯辛顿（Kensington）的豪宅里，但是15岁就辍学了。在美国，铜臭味的生意人被视为英雄。

为什么唐尼·布莱尔买下360万英镑住宅的时候，全国都在想："他觉得自己是哪根葱啊？"嗯，他是英国的首相。他在照顾自己的家庭，他有四个孩子一个老婆。唐尼，做得好。唐尼是我的模范。现在他结束了首相的工作，成为世界上最优秀的演讲家之一，他的一次演讲就可收入5万英镑。他是我有幸采访过的最优秀的演讲家。布莱尔、克林顿和曼德拉自成一派：为什么你不利用这一点？为什么他要感到羞愧？他为我们服务了25年。为什么此后他不能继续挣钱？我们听到足球队员的报酬，窃窃私语："他们一星期挣10万英镑，真是可耻啊，他们都没怎么受过教育。"这可不是他们的错。如果有人愿意为他们掏腰包，为什么不呢？

西欧人开始挣钱了。他们来到这里，做着没人愿意做的工作，但是他们干得出色，收入渐涨，开始从食物链往上爬了。我们请了几个塞尔维亚人清洁窗户。他们一家四口，一个父亲三个儿子。

他们敲着门：咚、咚、咚。我打开门之后他们风一般地走过我身边。他们自带桶子、梯子和扫帚。他们跟我说："早上好！你好！25英镑。"他们把鞋放在门口，直接去热水管那里，把桶装满。他们把所有有玻璃的地方都打扫干净：窗户、冰箱、门、橱柜、镜子。大概都是4分钟。4分钟，"25英镑"。然后就走了。我从窗户望出去，看到他们在路对面的房子里，站在阳台上，正在擦窗户。他们走出房子，捡起梯子，跑到下一家去，跑。想想你有多久没见英国擦窗户的工人跑过了？他们如何评估成功？钱。他们不喜欢这份工作，不过就是为了赚钱。这些钱能让他们的孩子回塞尔维亚念完中学和大学。这是我们荡然无存的生活态度，我们希望能重新拥有这种态度。

我在马路那头的多层停车场清洁我的车。那里所有的清洁工都是克罗地亚人。他们彼此之间用语法完美、口音浓重的英语交流。很显然他们都受过良好的教育。我问："在洗我这该死的破车之前你们都是干啥的？"一个人说："我是医生，他是律师，他是牙医。"我问："那你们在这儿洗车做什么？"他说："你不知道在英国开始一项业务有多难。如果我们带着这么重的克罗地亚口音工作的话，没有人会来找我们做他们的医生、律师和牙医。我们在这里洗了两三年车，练习英语口语。等去掉了口音，再去干我们的老本行。"真不可思议，你能想象我们英国人这么做吗？我们只是坐在那儿说："我们不希望移民待在英国。"但我们需要他们。他们比我们更渴望成功。

如果我们要发挥自己真正的潜力，必须做出根本的改变——这个潜力不是由全英国，而是靠伦敦来发掘。伦敦是世界的金融中心。在伦敦创造的财富比任何其他城市都要多。如果能够让英国其他地区都达到伦敦的水平就非常好了。即使很痛苦，我们还是不得不学习美国人和新欧洲人的一些伎俩。我们可以怀旧，但怀旧对我们无济于事。忘了我们的传统，忘了怀旧，我们的遗产并非我们的归宿。我们是新欧洲的一部分，不是所有人都看上去和我一样，这没问题。他们不会跟我们说一样的话，他们不会说跟你们一样的话，这都不是问题。

我的职业生涯中，有 10 年在玛莎百货工作。头 5 年我投身 IT 部门，接下来的 5 年我是男士休闲服装的买家。他们教我怎么赚钱。他们教我们机器赚钱的原理。每个组织的成员都是这台机器的小零件，就像是一个个钝齿，我们共同创造了了不起的成功：我们是英国最受爱戴的公司，我们是英国最成功的零售商。但它是机器，它是管理，它是过程。它并非是个人的天资、创造力或欲望。他们麻痹了我们对金钱的需要和渴求。他们最擅长做的是挑选像我这样年轻的工人阶级孩子，移民的儿子——尤其是儿子——以及移民的女儿，他们给我们一张不成文的合同："你为我们全力付出，我们会教你们怎么做个中产阶级。"这就是旧式英国机构的做法：银行、保险公司、英国航空、英国电信。我们之间有一个承诺。

在玛莎百货我们曾经有一个称为"当地视察"的惯例。主席或是行政总裁会选一家店去视察。这家店提前 6 个月收到通知，就像女王出访一样。他们将整个破商店装饰、修整一新，把所有长得难看的员工都赶回家。行政总裁带着一大群随行人员。他四处查看，亲吻在场的婴儿，跟人们握手。如果玛莎百货出了什么岔子，行政总裁会在众目睽睽之下羞辱员工："这些衣服怎么在这里？谁把它们放在这儿的？明天就让这些家伙收拾包袱走人。"把人们当作英雄和数落他们是有区别的。这就是我们英国的文化。

20级以上的老板告诉你这么干很不地道。

我第一次走进百事可乐办公室的时候，总裁跟我说："嘿，雷内，你擅长干什么？""你说什么？""你有没有两三件事情特别擅长的？""你说什么？我是英国人，我回答不了这个问题。在玛莎百货工作10年之后，我倒是能告诉你我不擅长干什么。""不，我想知道你擅长什么。"我说："为什么？"他说："因为我想设置一个能让你发挥长处的职位，再为你打造一个团队弥补你的短处。"这就是领导才能。我们大部分人去工作，把精力放在我们不擅长的事情上。"去弥补一下的短处吧，你社交能力真是无可救药。你去对28000人做个演讲。""好吧，太感谢你了，我现在就去做！"这真是疯了。

我给美国的百事可乐公司工作的时候，每90天我就可以挣到年收入的60%，我团队的每个成员同样能挣到他们年薪的60%。在那90天之后，我们会更加拼命地工作。百事公司有你这辈子见过最细致、最可测的目标。这些目标并不像是："我希望你能提升一下你的人际交往技巧。"这是玛莎百货的目标。在百事公司，他们的目标是："第一：成立三个必胜客送货单元；二、开五家必胜客餐厅。"有了这样明确的目标，你完成或没完成一目了然。从来没有对完成一半目标的评估。从来不会有人这样评价你："你只完成了四个目标，所以我给你50%的酬金。"你要么就得把目标全部完成，要么就一分钱奖金都拿不到。它打造出100%专注的人。每个人都习惯了全力以赴实现目标，想："失败不是我的选项，我会胜利。第二名是失败者的冠军。"

在百事，每个人都知道其他人的薪酬情况。我们公开地分享工资收入，这造就了一种精英制度。我董事会的一名同事收入比我多了10万美元，但当我向他问起这件事，他说："我加入过可口可乐的董事会、百事的董事会，我管理过瑞士和法国的公司。你有哪些经历？""这是我第一次加入董事会。""那么，这不就是原因啰！继续好好干吧。"这对我的影响是什么？"我想跟你一样！我也想要那10万美元。"

在百事，执行总裁拉里会说："雷内，你明天早上打算干什么？跟我在停车场见个面。"我们会在停车场碰头，一起开车去我们的一家专营店。所有的百事餐厅都是我们财产的一部分。我们前往必胜客。在百事，我会跟行政总裁一同出现在某家餐厅——KFC、星期五美式餐厅、塔可钟、必胜客都属于百事集团。我们点些吃的，那里的员工根本不知道我们是从哪里来的家伙。用餐完毕之后，拉里会晃悠到经理旁边，说："嗨，你好，我是拉里，百事公司的执行总裁。我刚吃了一份非常美味的比萨，这个地方看起来非常漂亮，员工干活都很卖力，这里人气也很旺。"他会走到厨房里去，说："你们这些家伙太了不起了。我为你们感到骄傲。你们应该为自己感到骄傲。服务很到位。谢谢你们！"士气顿时高涨。我们坐到车里，他会说："雷内，那个比萨真难吃，解决它；那里的厕所很臭，解决它；那扇门咔咔作响，解决它。"我说："你刚才在店里怎么不说？"他说："我是总裁，我的工作就是鼓舞士气。我让他们觉得能为我干活很幸运。你的工作是处理那些差错。如果我走进去就告诉他们哪里有问题，他们会怎么想？这太打击他们了。"这些员工回家的时候感觉很好："你猜怎么着，拉里·盖茨今天来了。他告诉我说我实在太了不起了。"拉里会把问题留给我来处理。

在百事，我们过去会说："择人需择火。"聘用那些胸中有一团火的人，忘掉技能，关注态度。你的态度决定了你的高度，而不是技能。如果你聘用那些有着良好态度，但还不具备全部资质的人，你可以培训他们。有的时候我会有意识地任用女性，给她们一个在别处得不到的机会。她们给你的回报就是倾其所有。所以我建议在那些出乎意料的地方寻找你的领导者，你也会得到出乎意料的结果。我总是希望我的团队里有一些胸中有一团烈火的人，因为这种态度会感染其他人。

我手下曾经有 1000 名甚至 5000 名员工。我作为企业领导的工作就是让每个人充分发挥潜力，因为我们需要胜利。我是一个来自资本主义背景的商业动物。我所工作的商业领域里评估成功的方式就是股票价格、收益率、收益。成功关乎于钱。不论我们是特易购、玛莎、西敏寺银行集团、巴克莱银行还是英国石油公司，做出策略，为将来的事做打算，不难。最难的事情在于：“我怎么能够让人们对自己做的事情感觉很好？”在做经理的时候，我帮助员工进入工作状态。一个男人去滑雪，断了一只胳膊。当他回办公室上班的时候，我得让他找到好的工作状态。我团队的一名明星成员经历了丧亲之痛，我得让他找到好的工作状态。有人失去了孩子，我得让他找到好的工作状态。有人刚刚离了婚，我得让他找到好的工作状态。在办公室各种事情都会发生，我努力让平常人做出不平常的成绩。每个行业的领导者都竭力比他们的竞争者更多地挖掘出员工的价值，吸引并留住那些优秀的员工，让他们觉得为你工作很开心。

我离开百事的理由是有一天我回到家，我把女儿抱到床上。她当时 4 岁。这是我 4 个月以来第一次把她抱上床，她说：“爸爸，我们不能过来和你一起住？”“但是我住在这儿啊。”“不，你不是！

我能不能过来跟你一起住？”我每天早上 5 点 30 分就出门，回到家往往是晚上十一二点。我一个星期 7 天都这样过。现在我一年在全球发表 100 个演讲。我基本上拒绝做一份真正的工作。有这么一句话:“做一份你热爱的工作,你的人生中就没有一天在工作。”在纽约，我用了两个月的时间在 500 名商业领袖的面前完成了对科林·卢瑟·鲍威尔（Colin Powell）的专访，他们每个人为参加“与科林的一夜”支付了 1 万美元。我仍然野心勃勃，希望成为世界上一流的商业演讲家，我在英国已经差不多做到了。现在是美国，那里的报酬源源不绝。去年，人们为请老布什发表一场演讲付了 18 万美元。我是有目标的。

我去过一个天主教男子中学，那里的人告诉我：“钱是万恶之源。”他们告诉我不准谈论金钱，金钱太可怕。让我们把这个方程式改一改吧：钱也可以是至善之源，只要我们用钱得当。我了解到有钱可以做到非常了不起的事情。钱越多能力越大。在我事业开始起步的时候，只能给乐施会盒子里投几英镑。我现在今非昔比了，希望能做些不同以往的事情。我去了肯尼亚，我们在那里建了一些学校。我们现在有资本这样做了。这很好。钱也因此变得充满价值。我现在也可以花一天的时间去母校担任管理者的职务。我喜欢钱！我可不会不好意思这么说。我母亲圣诞节的时候中了风。正是因为有钱才确保我能把她送进最好的医院。当时我女儿和儿子在冈比亚，我能够给钱让他们送我母亲接受救治。我儿子在我的企业里打工，在他照看我母亲期间，我可以让他不必上班。我 5 年前失去了伊冯娜，我孩子们的母亲，所以我得自己抚养孩子，因为有钱所以我能够请一个管家，多少给我帮个手。如果我不勤勤恳恳地工作，也不会有这些好处。我不会因此感到尴尬。

我目前正在采访阿伦·苏加（Alan Sugar），他就像长着一头灰发的熊，说话很拽。我给他发了封邮件："阿伦，我可以直接采访你，也可以引入一个问答环节，你可以发表一个演讲，或者做一个发言。你喜欢哪种形式？"他回了信，说："我才不做什么该死的发言，不做什么该死的谈话，也不要什么该死的采访。别瞎折腾了。就让他们直接问吧。苏加。"苏加——啥呀！跟他见面的时候，我走进去，他正在读报纸。我说："嗨！阿伦。我是雷内·卡拉。"他清了清嗓子，吐了口痰。我笑了，心想："你这鸟人。"我开始跟他说话，把话筒从盘子上递给他："你希望我来介绍你吗？"他说："我不是跟你说了吗？这儿没你什么事儿。他们就想见我，阿伦·苏加！"我说："很好，阿伦，但有个问题：现在负责的是我，不是你。所以你希望我怎么采访你？"他看着我："我喜欢有种的人。"我笑得根本停不下来。之后我们一起走进去，他是一个好人，喜欢顶着一头灰白头发。我开设了一小会儿问答环节，一位女士提问："阿伦先生，一些公司刚开始的时候秉持良好的价值和美德，但是随着发展壮大，日进斗金之后，在我看来，它们有的时候就放弃这些价值了。你怎么看？"他说："价值？你是说有关钱的价值吗？"她说："不是。""价值，你是说交易价值吗？"她说："不是。""价值，你是说收益价值吗？""不是。"我插话了："阿伦先生，我想你刚才已经充分回答了这个问题。我们继续好吗？"

第十八章
烧　毁

比尔·德拉蒙德：

“如果我要发一份讣告的话，我知道主要的内容就是关于烧毁了 100 万英镑的事情。”

大部分人都没有钱可供烧毁，不过英格兰银行会规律性地烧毁旧币和残币，替换成新币和硬币。2010年，英格兰银行销毁了127亿英镑价值的纸币——约占流通中纸币的四分之一。这些纸币在一个秘密地点放入焚化炉中销毁，或者粉碎成堆肥。平均而言，一张5英镑纸币流通1年；一张10英镑或20英镑的纸币流通4年。

在英国，烧毁纸币并非违法。不过故意损坏纸币是违法的。把钱烧掉不是件我们乐意去做的事情。的确，美国的心理实验表明，阻止人们焦虑咬指甲的一个有效办法就是，每当开始咬指甲的时候就烧掉1美元纸币。

我们可能会浪费钱，在赌局里输钱，或酗酒吸毒败钱。但是我猜大部分人不打算把自己的钱都销毁，因为到头来什么好处也捞不着。所以为什么比尔·德拉蒙德会这么做？

比尔·德拉蒙德说如果我们不谈1994年他在苏格兰侏罗岛（Jura）焚烧100万英镑的事情，他就愿意接受采访。当我刚开始要求采访他的时候，他回信说道：

“吉米·考蒂和我在将钱焚烧完不久之后共同做了一个决定，一段时间之内不再谈及此事。有人建议，这个‘一段时间’应当是23年。当时我们觉得应该为此举正名，尤其是面对我们的家庭。但我们很快意识到没有任何理由足够合情合理。此外还有一部分人不愿意相信我们真干了这事，我们发觉自己又陷入得去证明确有此事的境地。这同样意味着关注度越来越集中在我们身上，而非事件本身上面。因此我们觉得应该与这个事保持一些距离，让人们形成自己的理解。你要不要去看看这本《看比尔·庄蒙德烧掉一百万英镑》（*K Foundation Burn A Million Quid*）的书？这本书还能买到吧？有读后感想吗？”

虽然比尔承认有些人怀疑他和吉米·考蒂有没有真的把钱烧掉，见到比尔的时候我感觉他很坦诚可靠，如果他说自己烧掉了100万英镑，很有可能他真的这么干了。他的衣着外表看上去像个木匠，所以当他告诉我，除了流行明星和艺术家身份之外，他同样学习了木匠手艺，我并不感到意外。不论何时只要访谈内容即将触及烧毁100万英镑的事儿，比尔就开始支吾其词，要求我：“换一个问题！”我照做了。他满脑子都是非同寻常的想法。他坐在我的厨房里，吃着薄煎饼，低声哼着《世事难强求》（*Que Sera Sera*）的歌。

处于我这个境地的人，经历过我所经历事情的人，应该对钱有很多看法。人们也希望我有这些看法，但是我不太确定自己的想法是否真的有那么多。我知道我今天不是来谈论比尔·庄蒙德、吉米·考蒂和我烧掉了100万英镑的事。100万英镑的概念在20世纪之前恐怕还不存在。在那之前，100万英镑离普通人的生活太远，想都不敢想。接近20世纪末的时候，我猜因为欧元的出现，100万英镑的神圣性不复存在：或者不过就是20世纪人们渴望拥有的某样东西罢了。我同样也意识到了金钱的诱惑——不谈钱真是太难了。如果你能轻而易举地挣钱，才能轻轻松松地告别钱。

但是我的目标从来就不是挣钱，我从来不打算去挣钱。我记得读初中的时候，全国所有人被问到同一个问题："如果你有100万英镑的话你会做什么？"之后这个问题变成了："如果你赢了足球彩票会做什么？"现在这个问题成了："如果你赢了国家彩票会做什么？"那时候100万英镑还是个神话。如果有了100万英镑，班上其他男孩都说想要极速跑车，以及所有年轻男孩向往的那一套的东西。但这些东西对我而言从来就没有吸引力。

我知道在销毁钱这事上，我们曾经想过："我们得把这事变得人尽皆知。"但是之后我们决定不这么做，我们想远离人群，只在我们之间完成这件事。但人是有虚荣心的，我们希望因为我们悄然离开，神不知鬼不觉地完成这事得到称赞，人们永远无法确知是真是假，这件事情永远蒙着一层迷雾，这层迷雾吸引着我们。如果我要发一份讣告的话，我知道主要的内容就是关于烧毁100万英镑的事情。

为钱做事的想法让我厌恶至极。不须说，我得为了钱工作。为了挣钱我做了好多份工作。我可以做木匠的活儿，我在精神病医院工作过，我打过几百份工，但我不会把工作和钱画等号。你只有一次人生，不妨在这唯一一次的人生机会里去做你迫切地想要去做的事情，而不是将整个人生用来挣钱。我知道，我知道自己一直很幸运。虽然我没刻意打算挣钱，但我做的一些事情让我挣了钱。我有好几个孩子：身上肩负着许多责任。你可以说我过着快乐的生活，事实也的确如此！我也有很高的职业道德。我有新教徒的习惯：我每天都起得很早，从来不会睡过头，总是勤奋工作。我父亲是苏格兰教堂的牧师和传教士，我不觉得传教士和艺术家有什么区别，在我眼里他们相差无几。我觉得自己内心的某处会想："我工作是为了公益。"我知道听着挺虚伪！但这工作确实跟钱毫无关系。我承认从邮局收到一份支票感觉很好，但我总觉得为了钱做艺术让人兴味索然。

我做的一些事情最终让我赚到了钱。我知道如果我决心做个音乐制作人肯定能挣大钱，因为我知道该怎么制作唱片。我觉得我原本可以在艺术领域大发横财，我知道如何运作艺术品销售，所以在这行肯定可以挣个盆满钵满。我过去不论做什么都挣钱——无音乐日（No Music Day）、"上帝是孙子"展览（God is a Cunt）、流行乐队、KLF 乐队。虽然我得承认网站"你们这些婊子"（You Whores）没能成功，因为我排斥那些自我推销的人。我和吉米·考蒂萌生了一个想法："如果我们跟红军合唱团（The Red Army Choir）合作创作一个全新版本的《世事难强求》不是很棒吗？"恰好红军合唱团在英国巡演，我联系了他们的音乐总监。他没听过这首歌，我给了他一张多丽丝·戴（Doris Day）演唱《世事难强求》的复刻盘。做好了安排，我们走进录音室，红军合唱团里没有一个人会说英文，他们把这歌唱了一遍，效果简直太好了！之后我们又有了一个想法，把这首歌剪辑一下，把约翰·列侬的《战争已结束》（*War is Over*）放进去："如果你愿意，战争已结束。"把它们结合起来："世事难强求，万事有定数，未来不可知，世事难强求/如果你愿意，战争已结束。"整首歌听起来很不错。我们说："这是我们目前为止最棒的作品。"但我们说："我们不会发布这个作品。"所以我们用了一整面的广告做宣传："除非世界和平突然降临，否则唱片永不发行。"这事儿很荒唐。但是我们把它剪成了一张唱片，我们手头确有这张唱片。在广告刊登的那一天，我们以色列的唱片制作人来了英国，我们跟他碰了个面，他听着这首歌，眼泪从脸上止不住地流下来。那个星期，阿拉法特和以色列首相签了协议。我觉得签订《戴维营协议》能够消除一切争端。我们同意制作人的想法，将唱片在以色列和巴基斯坦发行，唱片一面的标签写着希伯来语，另一面写着阿拉伯语。唱片发行之后在当地销量远超其他唱片排名第一，但我们想："当初真不应该发行这张唱片，因为那里根本没有和平可言！"

我一直认为赚钱是件轻而易举的事，这只是代表一个男人的想法，男人的虚荣心就是如此，想要证明自己，建功立业。平心而论我认为通过挣多少钱评估自己，暴露了想象力的匮乏。我向来觉得，这样的想法非常狂妄自大，但赚钱是件很简单的事。比如两年之内摆脱抵押贷款，如果你有这样的打算，做到很容易，但在我看来是浪费时间，因为在生活里有趣的事太多了。我非常幸运，因为大部分的人都在为填饱肚子卖命，为养家糊口劳碌。但是在西方和英国，我们已然摆脱这样的命运。

第十九章
乞讨

霍华德·桑莱斯：

“跟犯罪相比，做乞讨挣钱要容易些。”

我不会把钱烧毁，如果我有抵押贷款的话，也不确信自己可以在两年之内还清。假如我只是向人们要钱呢？假如我乞讨呢？这是免费得来的钱，不需要付出相应的工作作为交换。这是另一种赚钱的方法。

如果一无所有，人们会去乞讨。如果人们一贫如洗，年纪太大、太小、重病或过度虚弱，无人照料，他们会伸出手，向别人要钱。如果我也沦落到和我的孩子一起坐在地下通道的地板上，或是游走在车厢里，向人们乞讨，我该多么灰心绝望。真正绝望至极。

乞讨是一门古老的职业。佛祖向人们讨要食物。在古希腊，乞丐被分成很多种类别。18 世纪，英国估计 10% 的人依靠慈善或乞讨食物为生。不过自 1824 年通过《流浪法》（Vagrancy Act）之后，在英国乞讨是违法的。

随着福利国家（welfare state）的出现，乞丐的数量下降了，目前估计已经为数不多了。由于人数变化不定，很难确知具体的数目。这里有一则大致的统计以作参考：政府数据显示虽然只有 40% 的乞丐无家可归，每晚仍有 2181 人露宿街头。

乞讨是否收入丰厚呢？我估计乞讨得来的 10 便士、50 便士以及几英镑值不上几个钱，但我还是不确定，乞讨究竟能挣多少？

当我儿子婴儿车前面的地铁车门即将关闭时，霍华德走过来把车门使劲推开了。他向我要钱，我提出可否采访他。他精力充沛，个子瘦小，举止谦逊，缺了几颗牙。我问他多大年纪了，他说：“星期一法定假日（bank holiday）刚满 35 岁。”

我乞讨，我是名乞丐。这是我目前的工作。晚上我在地下通道乞讨。我在地铁上上下下，念着固定的说辞：“嗨，不好意思打扰大家，我很抱歉麻烦各位，但是我想讨几个钱吃点稍微像样的东西填饱肚子，晚上能找个地方睡上一觉，有没有人发发善心帮帮我。多少给点儿吧……”一般来说人们多少都愿意给点儿，因为我很有礼貌。你们一般人，你们这些上班族、办公室白领或者中产阶级，一般都会给我1、2英镑左右，或者5英镑余钱，运气好的话，有时候还能要到10英镑。几年前，英镑硬币没有像现在这么通行，大都是给个50便士、20便士。现在硬币成了一个符号。人们一般都是给我们扔硬币。如果我很努力的话，做乞丐收入不错。

我一个星期工作7天，星期日赚钱最难，星期五最轻松，星期六还不错，因为人们大都那天出门逛街。星期六晚上人们去酒吧和俱乐部娱乐放松。圣诞节是个乞讨的好日子。有几个圣诞节我在汉普斯特德（Hampstead）40分钟内挣了300英镑——汉普斯特德是我的福地，我去那里乞讨好长时间了，人们都认识我。

我可以分辨得出来谁会给我钱，谁不会。我跟人们说话的时候，与他们目光对视，能够判断出来他们会说好还是不好。我有一种感应。如果一个人给了钱，顺着他的目光看到下一个人，他可能也会随之把手伸进口袋里——除非他们已经想好了不打算掏钱。只要一个人说不，每个人都会说不。今年我从中年绅士那里挣了不少钱。通过乞讨你能看出来谁年岁稍长，不再野心勃勃、忙于工作了。还有女孩们，年轻女孩儿们，她们总会给我钱。还有年长的黑人女性，往往是天主教黑人女性。中国人往往手很紧。我也不知道为什么。但是时不时的，会有人给我一大笔钱，他们把手伸进口袋，掏出20英镑以及一大堆零钱，全都扔给我，好像根本不把它们当钱。学童们往往很淘气。从福音橡树穿过，你会碰到一大群汉普斯特德的孩子们从私立学校走出来，还有一群高声尖叫的女孩儿们。如果他们其中一个人打算施舍我们，其他人都会这么做。他们手上的钱多得叫人吃惊。我还是孩子的时候可没这么多钱。他们都塞给我 1 英镑、2 英镑或是 50 便士。他们是一群顽劣的孩子，周末在卡姆登（Camden）玩耍，塞给我一些零钱。也许他们觉得跟我多少有共鸣吧，但拜托，这不太可能，因为他们不过是一群有钱人家的孩子：年少无知。

如果有人不理我，我不在乎，但我不喜欢别人跟我粗暴地说话，这让人觉得反感。有时候一些不怀好意的人故意很大声地说："不行！"我一边说话他们一边"不、不、不"地说个没完，根本不让我好好说话。但是一般来说大部分人都很友善。警察讨厌人们乞讨，但他们常常对我们放任自流，只要我不坐在自动提款机的旁边，不在大街上骚扰行人。他们知道乞讨是非法的，他们可以阻止我，告发我，也可能逮捕我，但一般来说他们只是把我赶下车，让我滚开。

我通过在地铁和火车上乞讨还交到了一些朋友，我见到他们不会开口要钱。有一位女士，卡萝，是我两三年前在地铁上碰到的一名律师，那时候多恩还活着。我碰到卡萝，那天是我生日，我正在乞讨，跟她聊了好多好多，她后来带我下车，一起去超市，花了大概 40 英镑，给我买了食物和水，还买了生日蛋糕，付给我钱去买毒品，因为那天是我生日。如果我们偶尔碰面的话，她常会带我去喝咖啡。我还遇见另一个女人，跟她搞了两年的地下情。我不怎么谈到她，因为她是个有夫之妇。

有时候我实在懒得乞讨的时候，我女友就早上出门，先挣个

15 英镑回来。我不希望她去乞讨。并不是因为我是个传统的养家糊口的男人，而是因为我不想她被抓到局子里去，而且我觉得我挣钱更快。她以前站过街，是个妓女，自从跟我在一起之后才过上了好日子。希望哪一天我能让我们都摆脱这种生活。

我大部分的朋友都做着跟我一样的事情。他们四处奔走，挣点钱，平安回来，就算胜利。我知道大概有 15 个人每天干着这活儿，他们住在伊斯灵顿或者附近城区。他们现在选择乞讨不过是碰巧，因为他们都对海洛因上瘾，跟犯罪相比，做乞丐挣钱要容易些。这是世界上最古老的职业了，不是吗？朝人们走过去，开口要钱。乞讨和妓女是世界上最古老的两个职业。我们跟“雾都孤儿”（Oliver Twist）不一样，但我们也都衣衫褴褛，肮脏不堪。我们都对海洛因上瘾，随意而居，住在公车里。我们都乞讨，我们都选择了做乞丐而不去当小偷。这是见不得光的事情，如果你愿意，可以美化它，但干这个依然很垃圾。

我讨厌那些在列车上乞讨的东欧女人。嗯，也不是真正的讨厌，因为我内心并不讨厌任何人。我不知道自己的想法是否政治上完全正确。多年来东欧吉普赛人一直在做乞丐、扒手、小偷，大概过去 10 年左右进入伦敦。她们非常蛮横无理，把杯子直接递到你鼻子前面。我女友觉得跟着她们乞讨的那些孩子被大人喂了退烧糖浆，昏昏欲睡，必要的时候大人掐一把让他们哭醒。这些吉普赛人镶着假牙，住着宽敞的公屋，搞到成千上万英镑的救济金。她们住着公营公寓，而我却得在商铺上边风餐露宿，我有天坐在国民西敏寺银行旁边的自动提款机旁，一个年纪比我稍大的女人在售卖《大事件》（*Big Issue*）杂志。她威胁我要去报警，因为我在那儿乞讨。你觉不觉得这事很恶心？我坐在那儿好多年了，压根儿见过她。根本不公平对吗？她们愚昧无知、粗鲁无理，还会冲你吐口水。

我一天大概乞讨6小时，固定的。我早上乞讨一个小时，下午几个小时，晚上两三小时。不工作的时候，我必须去放松一下，好好爽一番。我是海洛因上瘾者，所以每天都得筹些钱过一下毒瘾。随着手头的钱不断地花掉，挣钱这事就更重要了。我每天必须得有100、120英镑的现金。我知道我要的钱太多了，太他妈多了，但我还是花光了。当我早晨出去乞讨的时候，希望能吸上一剂：我迫不及待地想尽快赚到15英镑。如果一个小时内就能讨到15英镑，我就能马上去痛痛快快地做一把活神仙！我坐在那儿，看着别人给我投过来的每个英镑，看着别人投给我的每个50便士，心里数着每个20便士，甚至把我自己的铜子儿加进去看看钱够了没。一般来说，一包海洛因是10英镑。但如果你买两包总共只要15英镑。四包30英镑。15英镑差不多够吸一次。因为我有女朋友，我们可以一块儿吸。我一天得吸四五袋，至少。如果病了会很惨，你需要钱才能吸得起海洛因。

毒品交易是个双骰赌博，很可怕……毒贩子靠我们这些人发了横财。毒贩子开着雷克萨斯，把毒品吐在地上让我去捡，窗户只开一半让我把钱递进去，驾着豪车扬长而去。他的上家很可能住在马尔贝拉（Marbella）的大房子里。但过去我也卖过毒品。住在布里斯托尔（Bristol）的时候，我一天能赚700英镑。有的人过来想赊账买一大袋海洛因，我会把货分成小包，做成20英镑一袋的货品。我随身带着手机，有人如果打电话找我，我骑着单车冲出去跟他们碰头，一天赚700英镑，其中450英镑上交，剩余的钱是我的利润。第二天我还能赚到同样多的钱，一天天就这样过下去。

我的成长过程——这可说来话长：我一直有毒瘾，就是这么长大的。我一直自食其力。如果我想要什么就自己去弄。我从小被人收养，在吉尔福德（Guildford）长大。我的养母——我今天刚跟她打过电话——过去是个清洁工，做一点家政工作。我父亲是木匠、橱柜工、古董修理工，偶尔吸毒。我 12 岁的时候开始吸食印度大麻。为了搞到钱吸毒，我会花 45 英镑买下半盎司毒品，分成 4 份，其余 3 份以 15 英镑每份卖给别人，第四份我就自己吸了。我一直吸毒长大，所以到我 17 岁的时候，我一星期要吸 3 公斤半的大麻。

我的成长环境充斥着毒品。1982 年到 1989 年全国上下就是个毒窝。我的人生、我的朋友，所有我知道的一切都围着毒品转。1990 年的时候我和朋友聚在仓库里搞了个大狂欢派对。大狂欢的固定节目就是吆喝一大堆人过来一起吸毒，伴随着疯狂的音乐嗨翻天。我好奇心强，总说什么都愿意试一次。我吃过数盎司的安非他命，吞过成百上千片大麻，75 便士每粒买下来，又以 3 英镑每颗卖出去。从我青少年时代到 25 岁，一直赚的钱不少，小日子过得有滋有味。我在吉尔福德住着不错的房子，交着漂亮女友，口袋里不差钱：毒品生意是个来钱的生意。我卖毒品的时候日子过得不错。我四处参加派对，生意红火，因为所有人都吸毒，直到海洛因效力发作，大家都陷入癫狂。我会从新时代漂泊者（New Age travellers）那里买大麻。他们一直居无定所，住在大篷车、公车和卡车里，进口或者自己种植大麻。我转手把大麻卖给当地预科的大学生们，但不会卖给中小学生。买大麻的人都是完全心智成熟的人，他们非常清楚自己买的是什么。

我女朋友，多恩，2003年去世了。我跟她在一起7年时间，她死于吸毒引发的疾病——败血症。因为她的死我用毒品和酒精摧残了自己足足一年半，那段时间因为做贼我进了监狱。在偷东西的时候，我害怕——有那么点害怕，但我知道后果是什么。做贼这活儿让人感到绝望：我搞不太清楚自己会在哪儿搜出钱来，不过是从一幢房子里穿过去。说起这事我还会感到愧疚，那是4年前的事儿了。我真的这么干了。我在房子里四处跑，到处搜寻。我的心怦怦直跳。那种情况下的肾上腺素激增让人感到害怕、刺激，又害怕。到最后我恐怕没弄到什么钱。我拿了一个DVD播放器，一个CD播放器和一些CD，还有1800英镑现金——没多少钱，跟在牢里蹲个两年半相比，真是不值得。

这些年来我为了钱干了好些坏事，比如在自动提款机跟前抢钱这档子混事儿。我直接冲他们走过去，说："能把你的钱给我吗？"记得有一次，我深夜在自动提款机旁边抢劫一个家伙。我说："劳驾，把钱给我。"他说："不！"我说："你他妈把钱给我！"他不肯。但我明明看到他把钱放口袋里了，我手抓着他的夹克，用头猛撞了他一下，从他夹克里边掏出钱，跑掉了。我为这事儿被警察抓住了，但是最后没定罪，因为那家伙醉醺醺的，没法从一排嫌疑犯里认出我来。我得强调这是好久以前的事儿了，我已经很久没干犯罪的勾当了。从2004年、2005年至今我已经没再犯过法了。真的没有。乞讨——就是我唯一干的事儿。我也不打算再犯罪了。一直以来我犯法都是由于脑子犯混，或是走投无路，不是因为贪财。我过去很蠢，交错了朋友，也吸过强效可卡因，我误入歧途，这样不对。我只想跟你说，温蒂，我不是个坏人。我做过很多垃圾的事儿，但我绝不是个垃圾的人，如果你懂我的意思。我想做好事，真的想做好事。我只是没有资源允许我这样做。

我吸海洛因是为了不让自己觉得格格不入，觉得自己是个温暖的人，在周围的环境里觉得舒心、正常、放松和舒服，好好过日子，虽然因为染上毒瘾没法儿好好过日子。我担心自己的健康。我女朋友和我都非常健康，我在监狱和戒毒中心定期接受体检。我过好自己的每一天。我梦想过得更好一些，而追求更好的生活需要拿出动力，需要我服用美沙酮戒掉海洛因，把自己的事情打理好。我已经准备戒毒了，毫无疑问。我打算收拾好自己的人生。我打算结束现在的这一切。我已然站在改变的边缘。我有好多好多打算。我准备夏天在节假日期间开个茶楼，开设一个露台——好几个露台——烤上好些个饼，泡上茶和白兰地咖啡，然后就那样闲坐着。我轻而易举就能实现这一切，并非痴人说梦，这是绝对办得到的。我希望今年能够是我的好运年。毒品依然占据着我的生活，但我慢慢开始成长了一些，逐渐远离毒品。我希望自己能很快摆脱毒品。我会彻底戒毒的。

早上踏上列车之前我必须喝一听啤酒，因为我没法面对接下来的事情。我感到紧张。我害怕站在一群人面前说："不好意思，很抱歉打扰你们……"人们看着我，他们并不喜欢我这么做。人们对你很友善，同情你——但是让人们同情我——我讨厌这个，根本不愿这么干。我希望靠自己的能力挣钱。我能把自己的事做好。我的确能把自己的事儿做得很出色。我已经乞讨了8年，在乞丐中名声不错，但我讨厌干这活儿，我绝对厌恶这事。

第二十章
拯 救

尼尔·沙叔瓦：

“我的心态是：‘必须存钱以防纳粹来袭。’”

尼尔是我的一个老朋友，当我告诉他我在写这本书的时候，他问我能不能考虑把犹太人的观点囊括进去。我书里还真没有专门涉及这方面的内容。我担心可能遭到“反犹太”的谴责。尼尔建议我采访他。我们在大学的时候同住一间公寓，学生时代尼尔对他的犹太身份很抗拒，但到了40岁左右他开始重新审视和探索这个身份。我知道他会谈到很多有趣的事，但对于他自己，不论我知道的不知道的他都只会只言片语带过。他会带给我惊喜。

所以当尼尔之后因公来伦敦出差，他跟以往一样，突然提出此事，我们没有闲聊叙旧，直接开始采访。尼尔迫不及待，特别愿意谈谈关于钱的事情，也对谈论犹太教很感兴趣。他是个活力四射、思维敏捷的受访者。很显然尼尔对于他将要谈到的内容已经做了很多思考。这次访谈是在一个阳光和煦的冬日早晨，我的厨房餐桌旁进行，他不时为自己开的玩笑发出爽朗笑声，尝几口桌上的糕点。

我住在诺森伯兰郡（Northumberland）的莫珀斯，我是慈善机构“年龄关注”（Age Concern）的地区经理。我很乐意告诉人们我的收入：40969英镑，刚刚又涨了一些。在我们的社会，“你挣多少钱”是个不该问的问题。这有些像是在问：“你值多少钱？”“噢，你只值一年15000英镑。你的价值不高嘛，是不是？”或者：“哇，你一年挣100万英镑，天哪！你真是富得流油！”其实这两拨人的价值并没有实质的区别。当你问我挣多少钱的时候，还会加上一句：“你不一定非得告诉我的。”真是有趣。

我觉得任何事物如果贴上“犹太人和钱”的标签，除非发生在犹太人自己的圈子里，很可能引起人们的愤慨。把犹太人和钱拴在一起往往意味着掉入对犹太人的思维定式中。你不会听到这样的搭配：“天主教徒和钱”或者“琐罗亚斯德教（Zoroastrians）和钱”。一些犹太人的确已经变得有钱，但是一些琐罗亚斯德教同样也富起来了，而且有犹太人仍然生活在贫困中。在伦敦，贫困的犹太人跟有钱的犹太人一样多。我不知道有没有别的宗教与其他的事物会像犹太教一样和钱捆绑在一起。当人们谈到犹太人和钱，他们通常的意思是说犹太人以某种方式从别人那里赚了钱，或是犹太人很擅长理财，你得对此保持怀疑。人们可没这么说：“犹太人擅长理财不是很好吗？”

犹太人是在1066年之后被威廉一世带到英格兰成为借贷者的。威廉一世是一个外国入侵的国王，需要钱买通人们的支持，也需要钱修建城堡和防御工事镇压撒克逊人。那些日子里，犹太人游离于法律之外。基督教教堂法律很强大，但犹太人并非基督教徒，所以不属于基督教堂。犹太人在英格兰生存的唯一方式就是作为一种财产存在，真正属于国王的财产。甚至有一个国王将犹太人抵押给别人。犹太人没有土地，他们享有的民事权利更少，也不受欢迎，我想，刚开始犹太人被大众排斥，但可能随着时间的流逝逐渐也被接纳了。作为一个犹太人，你的处境非常不易，因为你从人民大众那里捞了一堆税务，所以也不被当地人喜欢。你并不真正地归属于谁，也不大受欢迎。但是你可以为人所用。钱作为货币正是人们利用你的手段。

最近的一个犹太人成为替罪羊的有名例子发生在20世纪30年代的德国，希特勒说："雅利安人之所以没赚到什么钱，仍然遭受贫穷的原因就在于犹太人榨干了德国经济的血液，把钱从善良的雅利安人手里拿走了。"如果你去参观大屠杀博物馆和纪念碑，你会看到成堆的金牙、头发、眼镜，所有纳粹从犹太人身上拿下来的东西。但你看不到钱。犹太人所有的钱，都被纳粹拿走了。在瑞士银行的地下室，即使是现在，账目上依然记录着从犹太人那儿偷来的钱。这些银行里的人很难有机会知道这些账目的存在，因为这些钱或财产是他们的祖父母从犹太人那里偷来或连蒙带骗弄到手的。

我最近在读《马尔克姆·X自传》（*The Autobiography of Malcolm X*），他提到了一个同样的论点：犹太人是黑人区的店老板和生意人，是他们把住在黑人区的穷人手里的钱赚走了。我们不应该让犹太人待在这里，应该让黑人经营自己的商店，让黑人老板雇佣黑人员工，让钱攥在咱们黑人——他不是说黑人手里——而是所谓黑人"经济"里。所以一旦谈论犹太人与钱就能让很多人迅速收到反犹太的讯息。但我还是不希望自己和犹太人有一丝的牵扯，因为人们会盯着这一点，想："他为什么会这么说？"我不想强化有关犹太人的思维定式。人们可能会有这样的反应，说：

“这太难理解了，他出生在这里，他生活在这里，这是一个安全的社会——不过是他脑子有问题罢了。”有的人读到教友会教徒或是修女的那一章，他们的金钱观也会与宗教发生联系，但是绝不会出现像犹太人谈钱那样的效应。

我父亲 1933 年出生在印度。一两年之前以色列刚刚独立。他 16 岁的时候去了以色列。他在基布兹（kibbutz）里生活了 3 年，而且像每个以色列人一样，被征募入伍，为国家效力了两年半。之后他离开了以色列来到伦敦，进入犹太人就业机构。一家烟草公司想招一名会计。我父亲根本没有记账的经验，但是他过去跟公司的人说：“什么是记账啊？”那人说：“你最好跟着这个人学学。”他照做了，之后他去了夜校，参加了会计考试，喜欢上了这份工作，真正爱上了它。我也不太确定他最喜欢会计的哪个方面。可能是这份工作带来的金钱和地位吧。父亲有很高的标准，喜欢将工作做得尽善尽美。他同样喜欢给人们提建议，成为专家，会计工作能够带给他这些满足感。

我父亲的两个兄弟都是会计，因此看起来我像是来自一个会计之家，但是我对会计一点兴趣都没有——对钱也一样。我说我对钱没兴趣，但我知道钱很重要。小时候我有时会向父亲要一些零花钱，一星期 5 便士，但他很少愿意给我钱，所以我就从他床头柜里偷钱——这个习惯被我的孩子们沿袭下来了！父亲还开着两家五金店，我母亲在其中一家店上班。母亲挣钱非常不易，背着几包胶合剂到处跑。他们常常因小店的经营状况谈到钱的事情。他们之间建立的这种金钱和工作关系我感觉不太健康。我当然也传承了这样的观念：钱是用来存的，不是用来花的。我自然也会认为我随时需要钱，以防纳粹来袭，我们得迅速逃离。我内心仍然有一部分保持着这样的想法。我有存款。我不怎么花钱，也讨厌花钱。这是不理性的，因为钱放在那儿既应该用来存，也该用来花。花钱有错是我基本的信条。我的心态是："必须存钱以防纳粹来袭。"我生活在受围心态（siege mentality）中，总觉得这不是我的国家，我并不真正属于这里。但事实是我出生在这里，也不打算去别的地方。我的孩子都在这儿，并不像是说我会去以色列或是别的国家。我也从来没有这样的欲望，只是以防万一。我总是准备着如果情况突变，就不得不离开了。在我们新添了那间房之前，我和妻子还有10万英镑的存款。这些钱虽然不够在英格兰买一幢大房子，但足够让我们离开这个国家开始新的生活。我们突然就攒了这么多钱。我母亲给了我钱，我父亲给了我钱，我在工作，我妻子也承担一点工作，我们量入为出。我们每个人一个月能存下100英镑，我们为孩子存钱。

债务？噢，不、不要债务。嗯，我们确实有债务，我们有抵押贷款。我没有信用卡，因为那玩意儿会束缚你，你得对它负责任。我觉得这就是我面对钱主要的动机。它贯穿所有事情的始终。我有一个对待钱的模式：存钱和自保。有的人正相反，有钱就花，或者负债累累，所以即便没钱也要花，这种模式跟我的模式一样不健康。看待钱的理性方式应当是采取中庸之道：钱就是钱，钱是用来为你服务的；你做事就是为了挣钱。

我得说我们之前的一些家庭假期的的确确被我的金钱观毁了，我会觉得："噢，我们不能出门，我们不能花这个钱。"这是我和妻子之间关系紧张的原因。最近我才觉得自己在这方面的观念放松了。但是很长时间以来，40多年来，这都是我生活里的主题。我不喜欢买冰淇淋，觉得根本就是浪费钱。冰淇淋、咖啡店都一样，但这些都是美好的人生体验，这也是钱能带给你的体验。钱买来的并非只是产品本身，一杯咖啡而已，这关乎整个喝咖啡的体验。我的洗碗机已经用了20年了，我当时买来的二手货，现在还能用。我18年前从父母那里搬来的电视机，现在也还能用。我几天前去了玛莎百货，看看商店里的西装，价格还算便宜，并不像“裁缝街”（Savile Row）的服装那么昂贵。我想：“我可以买下来，我能买得起。”如果我中了彩票我会把钱存起来。我会存起来，以防纳粹来袭！我买食物。虽然我总想买最便宜的食物，但我还是会买有机公平贸易食物。买衣服方面我花的钱不多。钱是我生活里的重心，但并没能产生积极意义。我不喜欢花钱。我要么对此无感，要么就为花钱感到不爽，后悔没能把钱存下来。也有一些我想拥有的东西，比如非常美味、成熟的桃子，完美的桃子。我希望拥有它，吃掉它，但不愿意花钱去买它。

我跟一个朋友聊到这次访谈，他说：“人们喜欢看的是什么——并不是对于你的采访，温蒂——而是有关你的动机、你自身和金钱观。”你写一本书的一部分动机是为了赚钱，这完全可以理解。如果我正在跟女王交谈，我不会说“可以理解”，我会说：“显然你还需要点儿钱，利兹，这些吊灯已经过时了！”我觉得这本书会很有趣，我一定会买一本，我不喜欢花钱买书！但我一定会买的！

结　语

当我着手写这本书的时候并不知道自己会发现些什么，但我明白我在探寻一些秘密。我也知道我们谈论的并不是金钱，并不是某个人具体的金钱观。访谈的进行常常需要一些必要的提示、彼此的信任和大胆的提问。此前我完全没想到，但在这次访谈中我发现，钱，似乎反映了我们最宝贵的价值观。人们须具备一个首要价值观，从而打造自己的财政状况，然后以此为生。

对修女希拉而言，价值观就是赤裸裸的宗教观。而对反消费主义者丹尼尔·亨顿，以及建立自由经济网站的站主马克·博伊得而言，他们的价值观代表着一个新的、更好的、更生态世界的可能性，通过在一个和谐社团里避免接触金钱，过着最精简的物质生活从而实现他们的价值观。尼尔·沙叔瓦相信钱是他和他的家庭在反犹太迫害1000年来肆意横行的世上生存下去的工具。安·玛丽·伍德尔拥抱内心丰盛和新世纪手段，钱是一种能量，随意志的力量显现。

在牙买加建立一个舒适的家居住所，并且给自己的孩子一个有保障的未来是对宝拉·库伯而言最重要的事。这位保姆，即使实现理想意味着长达8年时间与4个孩子分隔两地，依然坚持不懈地奋斗。雷内·卡拉利用生意和企业家身份生存下来，他的父母当初以贫困移民身份入境，雷内最终在这里取得了成功，获得归属感。

对艺术家米歇尔·兰迪而言，他的财产和物质财富是用来肢解、破坏和重塑的，把它们当作是培乐多彩泥或是乐高积木。比尔·德拉蒙德比米歇尔更进了一步，把纸币本身作为可以堆砌燃烧的材料——100 万英镑价值的纸币——而非看作拥有内在价值的实体。

戴夫·杰克逊，以前做过偷车贼，患有白血病孩子的父亲，用钱来换取孩子的健康。而且，他业已通过自己的慈善机构为别的孩子赢得健康和生命。退休的工厂工人，百丽儿·韦瑟斯通，对贫困的恐惧和金钱的担忧造就了她的健康和生活状况。与之相对，在威尔·亨特和加里·布里奇两位银行家的眼里，金钱和资本主义是一种智力挑战、一种象棋博弈。人们依靠才智、冒险和勤奋可以获取金钱，那些知道如何在伦敦城运用才智的人能赚大钱。

匿名债主会成员瑞秋·汉普顿将钱视作学习如何与之和平相处的东西——计算和平衡收入和支出——成就她自我激励和更为充实的人生。对执行官来说，钱是一种执行对错是非，确保债务清偿的工具。斯黛拉利用她做妓女挣来的钱坚持做一名独立、自给自足的女性，同她其他的妓女姐妹们一起，用自己的收入照顾家庭。

霍华德，乞丐，利用钱为他和他的女朋友吸食海洛因满足毒瘾。特技演员追求并热爱冒险和危险，享受它们带来的刺激，由此获得收入。对纸币生意人来说，纸币是用来收藏和珍藏的东西——同样也能带来金钱回报。“棒棒糖”女士谈到储蓄和安全——道路安全和财政安全。送葬者，靠一个星期埋葬三到四个人的丧葬业为生，认为钱，就像人生一样，是在死亡来临之前该去好好享受的事物。

对我自己来说，我选择了贫穷，这样能够有时间照顾年幼的孩子；而不必为摆脱贫困忙碌，不能跟我的孩子在一起。在撰写整本书的过程中，这样的选择逐渐变得简单。索里开始上学，我开始做兼职写作老师。过去压得人喘不过气来的贫困枷锁，变得没那么压抑。那些动摇、逼窘我们的事情开始逐渐退却。虽然在金钱和财产上或许仍然不算宽裕，但我们更加强大了：彼此在这个世上相依为命的岁月建立了牢固的纽带，而这也是让我为之感恩的充实。

我学到了有关钱的种种，我不是专家：我仍然不知道钱为何物，但我对别人如何对待钱有了更清楚的认识，以及这背后的各种原因。我奔走于全国各地，编写和编辑超过 25 万字的采访内容，了解到了英国人如何理财的方式。过去在我眼里神秘、模糊、含混的东西变得清晰而具体。

刚开始撰写这本书的时候，我不确定人们是否会告诉我他们收入多少，负债多少，会否将他们经济生活里那些隐秘不可告人的角落展示给我。在采访过程中当我提到有关钱的问题时，他们谈到了玛莎百货、耶稣和死亡。玛莎百货几乎成为英国人购物、工作以及提升档次的首选。玛莎百货是标准的英国现实产物。我知道这家百货公司是英国的机构，但是此前并未意识到它已经如此深入人心。

很多人引用一句耶稣的格言：“有钱人进入天国比骆驼穿过针眼还难”，这是为大多数人所知的主要有关钱的道德教育。也是很多人会想到，一些人尝试解决的问题。

然后是死亡问题。在死亡来临之前，人们该如何对待人生，以及金钱。我们并不知道人们在金钱与道德之间会建立多么紧密的联系。当我问到人们关于钱的问题，他们会谈及死亡。不过，数据显示，金钱确实会对寿命产生影响：在英格兰，住在最贫困地区的人们平均寿命比生活在最富有地区的人缩短了7年。

我找到了人们往往对钱避而不谈的原因，因为谈论具体的数字和数目，去说“我挣这么多，我有这个，我花钱买了这个，我想要这个”，或许不知不觉在透露——我们最看重的是什么。人们并非不愿意谈钱，而是彼此之间的关系尚不足够如此亲密，并且不愿暴露我们的本来面目，这些事情常常让我们感到尴尬、窘迫和羞愧。

就像马克·博伊得所说，钱不过是纸浆和矿物质。钱本身并不肮脏也不邪恶，它本身并不承载道德特质，对钱的指责实际是对钱映照出的自我的指责，就像是用纯净清澈的水面反观自己。金钱将我们的价值体系反射出来。这些价值观有关慷慨、恐惧、贪婪、贫穷、社团、储蓄、财富、智力、自由、地位、信仰以及对别人的关照。为了这些价值我们会愿意去移民、盗窃、坐牢、离开孩子、发誓许诺、焚烧钱币，或者甚至将自己点燃，等等之类。我了解到人们并不关心钱——不是真的关心。钱影响人们的生活，但并非真的触动人心。如果要说钱推动世界运转的话，我并没有发现太多相关证据。人们真正关心的是他们相信的价值观。就像圣·马太的信条所说：“心在何处，珍宝即在何处。”

总之，在我眼里，我们都有一套主导我们人生的、我们极为珍视的价值观，围绕着这些价值观我们建立起自己的经济生活。金钱，虽然往往被视作所有精神事物的反面，其实是人们最准确的反照，也是人们在这个世界上表达他们最珍贵、最重要观念的工具。我觉得钱让我们回归了自我。我们遵从的价值观，我们渴望以及愿意为之承担苦难的一切，都体现在了我们选择对待钱的方式里。

致谢

我想感谢那些接受我采访的人们，感谢他们愿意给我宝贵的时间，开诚布公地谈论他们个人的人生体验。这是一种无上优待。我也想感谢布莱克·莫里森、欣然、海伦·福克斯、尼克·福赛斯、强尼·摩尔、弗朗斯·斯布福德、蒂姆·帕内尔、克里斯汀·普拉亚帕、克里斯蒂娜·霍普金森、迪以及马克·本哈明、萨利·福沃尔、贝克、多姆和前田。